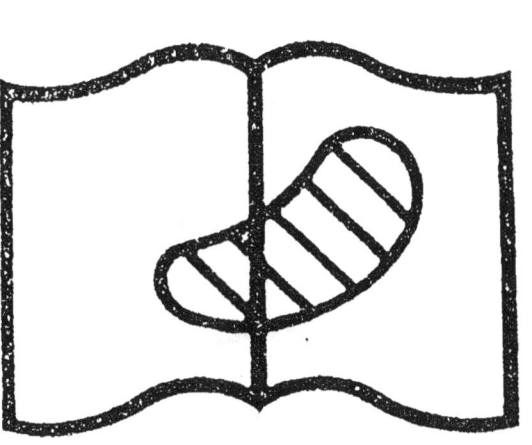

Foliotation partiellement illisible

VALABLE POUR TOUT OU PARTIE
DU DOCUMENT REPRODUIT

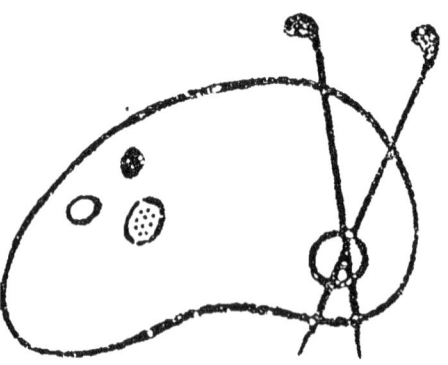

Couvertures supérieure et inférieure en couleur

VICTOR HUGO

LES TRAVAILLEURS DE LA MER

TOME TROISIÈME

PARIS
LIBRAIRIE INTERNATIONALE
15, BOULEVARD MONTMARTRE
A. LACROIX, VERBOECKHOVEN ET C⁽ᵉ⁾, ÉDITEURS
A BRUXELLES, A LEIPZIG ET A LIVOURNE
—
1866
Tous droits réservés.

PARIS. — IMP. DE VICTOR GOUPY, RUE DE RENNES, 71.

LES
TRAVAILLEURS
DE LA MER

TOME TROISIÈME

PARIS. — IMP. DE VICTOR GOUPY, RUE DE RENNES, 71.

LES
TRAVAILLEURS
DE LA MER

TOME TROISIÈME

PARIS

LIBRAIRIE INTERNATIONALE
15, BOULEVARD MONTMARTRE

A. LACROIX, VERBOECKHOVEN ET Cie, ÉDITEURS

A BRUXELLES, A LEIPZIG ET A LIVOURNE

1866
Tous droits réservés.

LIVRE TROISIÈME

LA LUTTE

I

L'EXTRÊME TOUCHE L'EXTRÊME
ET LE CONTRAIRE ANNONCE LE CONTRAIRE.

Rien n'est menaçant comme l'équinoxe en retard.

Il y a sur la mer un phénomène farouche qu'on pourrait appeler l'arrivée des vents du large.

En toute saison, particulièrement à l'époque des syzygies, à l'instant où l'on doit le moins s'y attendre, la mer est prise soudain d'une tranquillité étrange. Ce prodigieux mouvement perpétuel s'apaise ; il a de l'assoupissement ; il entre en langueur ; il semble qu'il va se donner relâche ; on pourrait le croire fatigué. Tous les chiffons marins, depuis le guidon de pêche jusqu'aux enseignes de guerre, pendent le long des mâts. Les pavillons amiraux, royaux, impériaux, dorment.

Tout à coup ces loques se mettent à remuer discrètement.

C'est le moment, s'il y a des nuages, d'épier la formation des cirrus ; si le soleil se couche, d'examiner la rougeur du soir ; s'il fait nuit et s'il y a de la lune, d'étudier les halos.

Dans cette minute-là, le capitaine ou le chef d'escadre qui a la chance de posséder un de ces Verres-de-Tempête dont l'inventeur est inconnu, observe ce verre au microscope et prend ses précautions, contre le vent du sud si la mixture a un aspect de sucre fondu, et contre le vent du nord si la mixture s'exfolie en cristallisations pareilles à des fourrés de fougères ou à des bois de sapins. Dans cette minute-là, après avoir consulté quelque gnomon mystérieux gravé par les romains, ou par les démons, sur une de ces énigmatiques pierres droites qu'on appelle en Bretagne menhir et en Irlande cruach, le pauvre pêcheur irlandais ou breton retire sa barque de la mer.

Cependant la sérénité du ciel et de l'océan persiste. Le matin se lève radieux et l'aurore sourit; ce qui remplissait d'horreur religieuse les vieux poètes et les vieux devins, épouvantés qu'on pût croire à la fausseté du soleil. *Solem quis dicere falsum audeat?*

La sombre vision du possible latent est interceptée à l'homme par l'opacité fatale des choses. Le plus redoutable et le plus perfide des aspects, c'est le masque de l'abîme.

On dit : anguille sous roche; on devrait dire : tempête sous calme.

Quelques heures, quelques jours parfois, se passent ainsi. Les pilotes braquent leurs longues-vues çà et là. Le visage des vieux marins a un air de sévérité qui tient à la colère secrète de l'attente.

Subitement on entend un grand murmure confus. Il y a une sorte de dialogue mystérieux dans l'air.

On ne voit rien.

L'étendue demeure impassible.

Cependant le bruit s'accroît, grossit, s'élève. Le dialogue s'accentue.

Il y a quelqu'un derrière l'horizon.

Quelqu'un de terrible, le vent.

Le vent, c'est-à-dire cette populace de titans que nous appelons les Souffles.

L'immense canaille de l'ombre.

L'Inde les nommait les Marouts, la Judée les Kéroubims, la Grèce les Aquilons. Ce sont les invincibles oiseaux fauves de l'infini. Ces borées accourent.

LES VENTS DU LARGE

D'où viennent-ils? De l'incommensurable. Il faut à leurs envergures le diamètre du gouffre. Leurs ailes démesurées ont besoin du recul indéfini des solitudes. L'Atlantique, le Pacifique, ces vastes ouvertures bleues, voilà ce qui leur convient. Ils les font sombres. Ils y volent en troupes. Le commandant Page a vu une fois sur la haute mer sept trombes à la fois. Ils sont là, farouches. Ils préméditent les désastres. Ils ont pour labeur l'enflure éphémère et éternelle du flot. Ce qu'ils peuvent est ignoré, ce qu'ils veulent est inconnu. Ils sont les sphinx de l'abîme; et Gama est leur OEdipe. Dans cette obscurité de l'étendue qui remue toujours, ils apparaissent, faces de nuées. Qui aperçoit leurs linéaments livides dans cette dispersion qui est l'horizon de la mer se sent en présence de la force irréductible. On dirait que l'intelligence humaine les inquiète, et ils se hérissent contre elle. L'intelligence est invincible, mais l'élément est imprenable. Que faire contre l'ubiquité insaisissable? Le souffle se fait massue, puis redevient souffle. Les vents combattent par l'écrasement et se défendent par l'évanouissement. Qui les rencontre est aux expédients. Leur assaut, divers et plein de répercussions, déconcerte. Ils ont autant de fuite que d'attaque. Ils sont les impalpables tenaces. Comment en venir à bout? La proue du navire Argo, sculptée dans un chêne de Dodone, à la fois proue et pilote, leur parlait. Ils brutalisaient cette proue déesse. Christophe Colomb, les voyant venir vers *la Pinta*, montait sur le pont et leur adressait les premiers versets de l'Évangile selon saint Jean. Surcouf les insultait. *Voici la clique,* disait-il. Napier leur tirait des coups de canon. Ils ont la dictature du chaos.

Ils ont le chaos. Qu'en font-ils? On ne sait quoi d'implacable. La fosse aux vents est plus monstrueuse que la fosse aux lions. Que de cadavres sous ces plis sans fond! Les vents poussent sans pitié la grande masse obscure et amère. On les entend toujours, eux ils n'écoutent rien. Ils commettent des choses qui ressemblent à des crimes. On ne sait sur qui ils jettent les arrachements blancs de l'écume. Que de férocité impie dans le naufrage! quel affront à la providence! Ils ont l'air par moment de cracher sur Dieu. Ils sont les tyrans des lieux inconnus. *Luoghi spaventosi,* murmuraient les marins de Venise.

Les espaces frémissants subissent leurs voies de fait. Ce qui se passe dans ces grands abandons est inexprimable. Quelqu'un d'équestre est mêlé à l'ombre. L'air fait un bruit de forêt. On n'aperçoit rien, et l'on entend des cavaleries. Il est midi, tout à coup il fait nuit : un tornado passe; il est minuit, tout à coup il fait jour : l'effluve polaire s'allume. Des tourbillons alternent en sens inverse, sorte de danse hideuse, trépignement des fléaux sur l'élément. Un nuage trop lourd se casse par le milieu, et tombe en morceaux dans la mer. D'autres nuages, pleins de pourpre, éclairent et grondent, puis s'obscurcissent lugubrement; le nuage vidé de foudre noircit, c'est un charbon éteint. Des sacs de pluie se crèvent en brume. Là une fournaise où il pleut; là une onde d'où se dégage un flamboiement. Les blancheurs de la mer sous l'averse éclairent des lointains surprenants; on voit se déformer des épaisseurs où errent des ressemblances. Des nombrils monstrueux creusent les nuées. Les vapeurs tournoient, les vagues pirouettent; les naïades ivres roulent; à perte de vue, la mer massive et molle se meut sans se déplacer; tout est livide; des cris désespérés sortent de cette pâleur.

Au fond de l'obscurité inaccessible, de grandes gerbes d'ombre frissonnent. Par moments, il y a paroxysme. La rumeur devient tumulte, de même que la vague devient houle. L'horizon, superposition confuse de lames, oscillation sans fin, murmure en basse continue; des jets de fracas y éclatent bizarrement; on croit entendre éternuer des hydres. Des souffles froids surviennent, puis des souffles chauds. La trépidation de la mer annonce une épouvante qui s'attend à tout. Inquiétude. Angoisse. Terreur profonde des eaux. Subitement, l'ouragan, comme une bête, vient boire à l'océan; succion inouïe; l'eau monte vers la bouche invisible, une ventouse se forme, la tumeur enfle; c'est la trombe, le Prester des anciens, stalactite en haut, stalagmite en bas, double cône inverse tournant, une pointe en équilibre sur l'autre, baiser de deux montagnes, une montagne d'écume qui s'élève, une montagne de nuée qui descend; effrayant coït de l'onde et de l'ombre. La trombe, comme la colonne de la Bible, est ténébreuse le jour et lumineuse la nuit. Devant la trombe le tonnerre se tait. Il semble qu'il ait peur.

Le vaste trouble des solitudes a une gamme; crescendo redoutable : le grain, la rafale, la bourrasque, l'orage, la tourmente, la tempête, la trombe; les sept cordes de la lyre des vents, les sept notes de l'abîme. Le ciel est une largeur, la mer est une rondeur; une haleine passe, il n'y a plus rien de tout cela, tout est furie et pêle-mêle.

Tels sont ces lieux sévères.

Les vents courent, volent, s'abattent, finissent, recommencent, planent, sifflent, mugissent, rient; frénétiques, lascifs, effrénés, prenant leurs aises sur la vague irascible. Ces hurleurs ont une harmonie. Ils font tout le ciel sonore. Ils soufflent dans la nuée comme dans un cuivre, ils embouchent l'espace, et ils chantent dans l'infini, avec toutes les voix amalgamées des clairons, des buccins, des oliphants, des bugles et des trompettes, une sorte de fanfare prométhéenne. Qui les entend écoute Pan. Ce qu'il y a d'effroyable, c'est qu'ils jouent. Ils ont une colossale joie composée d'ombre. Ils font dans les solitudes la battue des navires. Sans trêve, jour et nuit, en toute saison, au tropique comme au pôle, en sonnant dans leur trompe éperdue, ils mènent, à travers les enchevêtrements de la nuée et de la vague, la grande chasse noire des naufrages. Ils sont des maîtres de meutes. Ils s'amusent. Ils font aboyer après les roches les flots, ces chiens. Ils combinent les nuages, et les désagrégent. Ils pétrissent, comme avec des millions de mains, la souplesse de l'eau immense.

L'eau est souple parce qu'elle est incompressible. Elle glisse sous l'effort. Chargée d'un côté, elle échappe de l'autre. C'est ainsi que l'eau se fait l'onde. La vague est sa liberté.

III

EXPLICATION DU BRUIT ÉCOUTÉ PAR GILLIATT

La grande venue des vents vers la terre se fait aux équinoxes. A ces époques la balance du tropique et du pôle bascule, et la colossale marée atmosphérique verse son flux sur un hémisphère et son reflux sur l'autre. Il y a des constellations qui signifient ces phénomènes, la Balance, le Verseau.

C'est l'heure des tempêtes.

La mer attend, et garde le silence.

Quelquefois le ciel a mauvaise mine. Il est blafard, une grande panne obscure l'obstrue. Les marins regardent avec anxiété l'air fâché de l'ombre.

Mais c'est son air satisfait qu'ils redoutent le plus. Un ciel riant d'équinoxe, c'est l'orage faisant patte de velours. Par ces ciels-là, la Tour des Pleureuses d'Amsterdam s'emplissait de femmes examinant l'horizon.

Quand la tempête vernale ou automnale tarde, c'est qu'elle fait un plus gros amas. Elle thésaurise pour le ravage. Méfiez-vous des arrérages. Ango disait : *La mer est bonne payeuse.*

Quand l'attente est trop longue, la mer ne trahit son impatience que par plus de calme. Seulement la tension magnétique se manifeste par ce qu'on pourrait nommer l'inflammation de l'eau. Des lueurs sortent de la vague. Air électrique, eau phosphorique. Les matelots se sentent harassés. Cette minute est particulièrement périlleuse pour les iron-clads; leur coque de fer peut produire de fausses indications du compas, et les perdre. Le steamer transatlantique l'*Yowa* a péri ainsi.

Pour ceux qui sont en familiarité avec la mer, son aspect, dans ces instants-là, est étrange; on dirait qu'elle désire et craint le cyclone. De certains hyménées, d'ailleurs fort voulus par la nature, sont accueillis de cette façon. La lionne en rut fuit devant le lion. La mer, elle aussi, est en chaleur. De là son tremblement.

L'immense mariage va se faire.

Ce mariage, comme les noces des anciens empereurs, se célèbre par des exterminations. C'est une fête avec assaisonnement de désastres.

Cependant, de là-bas, du large, des latitudes inexpugnables, du livide horizon des solitudes, du fond de la liberté sans bornes, les vents arrivent.

Faites attention, voilà le fait équinoxial.

Une tempête, cela se complote. La vieille mythologie entrevoyait ces personnalités indistinctes mêlées à la grande nature diffuse. Éole se concerte avec Borée. L'entente de l'élément avec l'élément est nécessaire. Ils se distribuent la tâche. On a des impulsions à donner à la vague, au nuage, à l'effluve; la nuit est un auxiliaire; il importe de l'employer. On a des boussoles à dérouter, des fanaux à éteindre, des phares à masquer, des étoiles à cacher. Il faut que la mer coopère. Tout orage est précédé d'un murmure. Il y a derrière l'horizon chuchotement préalable des ouragans.

C'est là ce que, dans l'obscurité, au loin, pardessus le silence effrayé de la mer, on entend.

Ce chuchotement redoutable, Gilliatt l'avait entendu. La phosphorescence avait été le premier avertissement; ce murmure, le second.

Si le démon Légion existe, c'est lui, à coup sûr, qui est le Vent.

Le vent est multiple, mais l'air est un.

De là cette conséquence : tout orage est mixte. L'unité de l'air l'exige.

Tout l'abîme est impliqué dans une tempête. L'océan entier est dans une bourrasque. La totalité de ses forces y entre en ligne et y prend part. Une vague, c'est le gouffre d'en bas; un souffle, c'est le gouffre d'en haut. Avoir affaire à une tourmente, c'est avoir affaire à toute la mer et à tout le ciel.

Messier, l'homme de la marine, l'astronome pensif de la logette de Cluny, disait : *le vent de partout est partout*. Il ne croyait point aux vents emprisonnés, même dans les mers closes. Il n'y avait point pour lui de vents méditerranéens. Il disait les reconnaître au passage. Il affirmait que tel jour, à telle heure, le Föhn du lac de Constance, l'antique Favonius de Lucrèce, avait traversé l'horizon de Paris ; tel autre jour le Bora de l'Adriatique ; tel autre jour le Notus giratoire qu'on prétend enfermé dans le rond des Cyclades. Il en spécifiait les effluves. Il ne pensait pas que l'autan qui tourne entre Malte et Tunis et que l'autan qui tourne entre la Corse et les Baléares fussent dans l'impossibilité de s'échapper. Il n'admettait point qu'il y eût des vents ours dans des cages. Il disait : « Toute pluie vient du tropique et tout éclair vient du pôle ». Le vent en effet se sature d'électricité à l'intersection des colures, qui marque les extrémités de l'axe, et d'eau à l'équateur ; et il nous apporte de la Ligne le liquide et des Pôles le fluide.

Ubiquité, c'est le vent.

Ceci ne veut pas dire, certes, que les zones venteuses n'existent pas. Rien n'est plus démontré que ces afflations à courants continus, et un jour la navigation aérienne, servie par les airnavires que nous nommons, par manie du grec, aéroscaphes, en utilisera les lignes principales. La canalisation de l'air par le vent est incontestable; il y a des fleuves de vent, des rivières de vent et des ruisseaux de vent; seulement les embranchements de l'air se font à l'inverse des embranchements de l'eau; ce sont les ruisseaux qui sortent des rivières et les rivières qui sortent des fleuves, au lieu d'y tomber : de là, au lieu de la concentration, la dispersion.

C'est cette dispersion qui fait la solidarité des vents et l'unité de l'atmosphère. Une molécule déplacée déplace l'autre. Tout le vent remue ensemble. À ces profondes causes d'amalgame ajoutez le relief du globe, trouant l'atmosphère par toutes ses montagnes, faisant des nœuds et des torsions dans les courses du vent, et déterminant dans tous les sens des contre-courants. Irradiation illimitée.

Le phénomène du vent, c'est l'oscillation de deux océans l'un sur l'autre; l'océan d'air, superposé à l'océan d'eau, s'appuie sur cette fuite et chancelle sur ce tremblement.

L'indivisible ne se met pas dans des compartiments. Il n'y a pas de cloison entre un flot et l'autre. Les îles de la Manche sentent la poussée du cap de Bonne-Espérance. La navigation universelle tient tête à un monstre unique. Toute la mer est la même hydre. Les vagues couvrent la mer d'une sorte de peau de poisson. Océan, c'est Celo.

Sur cette unité s'abat l'innombrable.

IV

TURBA, TURMA

Pour le compas, il y a trente-deux vents, c'est à dire trente-deux directions; mais ces directions peuvent se diviser indéfiniment. Le vent, classé par directions, c'est l'incalculable; classé par espèces, c'est l'infini.

Homère reculerait devant ce dénombrement.

Le courant polaire heurte le courant tropical. Voilà le froid et le chaud combinés, l'équilibre commence par le choc, l'onde des vents en sort, enflée, éparse, et déchiquetée dans tous les sens en ruissellements farouches. La dispersion des souffles secoue aux quatre coins de l'horizon le prodigieux échevèlement de l'air.

Tous les rumbs sont là : le vent du Gulf-Stream qui dégorge tant de brume sur Terre-Neuve, le vent du Pérou, région à ciel muet où jamais l'homme n'a entendu tonner, le vent de la Nouvelle-Écosse, où vole le Grand-Auk, *Alca impennis*, au bec rayé, les tourbillons de Fer des mers de Chine, le vent de Mozambique qui malmène les pangaies et les jonques, le vent électrique du Japon dénoncé par le gong, le vent d'Afrique qui habite entre la montagne de la Table et la montagne du Diable et qui se déchaîne de là, le vent de l'équateur qui passe par-dessus les vents alizés et qui trace une parabole dont le sommet est toujours à l'ouest, le vent plutonien qui sort des cratères et qui est le redoutable souffle de la flamme, l'étrange vent propre au volcan Awa qui fait toujours surgir un nuage olivâtre du nord, la mousson de Java contre laquelle sont construites ces casemates qu'on nomme *maisons d'ouragan*, la

bise à embranchements que les anglais appellent
bush, buisson, les grains arqués du détroit de Malacca observés par Horsburgh, le puissant vent du
sud-ouest, nommé Pampero au Chili et Rebojo
à Buenos-Ayres, qui emporte le condor en pleine
mer et le sauve de la fosse où l'attend, sous une
peau de bœuf fraîchement écorché, le sauvage
couché sur le dos et tendant son grand arc avec
ses pieds, le vent chimique qui, selon Lemery,
fait dans la nuée des pierres de tonnerre, l'harmattan des Cafres, le chasse-neige polaire qui
s'attelle aux banquises et qui traîne les glaces éternelles, le vent du golfe de Bengale qui va jusqu'à Nijni-Novogorod saccager le triangle de baraques de bois où se tient la foire d'Asie, le vent
des Cordillères agitateur des grandes vagues et
des grandes forêts, le vent des archipels d'Australie où les chasseurs de miel dénichent les ruches sauvages cachées sous les aisselles des branches de l'eucalyptus géant, le sirocco, le mistral,
le hurricane, les vents de sécheresse, les vents
d'inondation, les diluviens, les torrides, ceux qui
jettent dans les rues de Gênes la poussière des
plaines du Brésil, ceux qui obéissent à la rotation

diurne, ceux qui la contrarient et qui font dire à Herrera : *Malo viento torna contra el sol*, ceux qui vont par couples, d'accord pour bouleverser, l'un défaisant ce que fait l'autre, et les vieux vents qui ont assailli Christophe Colomb sur la côte de Veragua, et ceux qui pendant quarante jours, du 21 octobre au 28 novembre 1520, ont mis en question Magellan abordant le Pacifique, et ceux qui ont démâté l'Armada et soufflé sur Philippe II. D'autres encore, et comment trouver la fin? Les vents porteurs de crapauds et de sauterelles qui poussent des nuées de bêtes par-dessus l'océan, ceux qui opèrent ce qu'on appelle « la saute de vent » et qui ont pour fonction d'achever les naufragés, ceux qui, d'un seul coup d'haleine, déplacent la cargaison dans le navire et le contraignent à continuer sa route penché, les vents qui construisent les circum-cumuli, les vents qui construisent les circum-strati, les lourds vents aveugles tuméfiés de pluie, les vents de la grêle, les vents de la fièvre, ceux dont l'approche met en ébullition les salses et les solfatares de Calabre, ceux qui font étinceler le poil des panthères d'Afrique rôdant dans les broussailles du cap de

Fer, ceux qui viennent secouant hors de leur nuage, comme une langue de trigonocéphale, l'épouvantable éclair à fourche, ceux qui apportent des neiges noires. Telle est l'armée.

L'écueil Douvres, au moment où Gilliatt construisait son brise-lames, en entendait le galop lointain.

Nous venons de le dire, le Vent, c'est tous les vents.

Toute cette horde arrivait.

D'un côté, cette légion.

De l'autre, Gilliatt.

V

GILLIATT A L'OPTION

Les mystérieuses forces avaient bien choisi le moment.

Le hasard, s'il existe, est habile.

Tant que la panse avait été remisée dans la crique de l'Homme, tant que la machine avait été emboîtée dans l'épave, Gilliatt était inexpugnable. La panse était en sûreté, la machine était à l'abri; les Douvres, qui tenaient la machine, la condamnaient à une destruction lente, mais la protégeaient contre une surprise. Dans tous les cas, il restait à Gilliatt une ressource. La machine détruite ne détruisait pas Gilliatt. Il avait la panse pour se sauver.

Mais attendre que la panse fût retirée du mouillage où elle était inaccessible, la laisser s'engager dans le défilé des Douvres, patienter jusqu'à ce qu'elle fût prise, elle aussi, par l'écueil, permettre à Gilliatt d'opérer le sauvetage, le glissement et le transbordement de la machine, ne point entraver ce merveilleux travail qui mettait tout dans la panse, consentir à cette réussite, là était le piége. Là se laissait entrevoir, sorte de linéament sinistre, la sombre ruse de l'abîme.

A cette heure, la machine, la panse, Gilliatt, étaient réunis dans la ruelle de rochers. Ils ne faisaient qu'un. La panse broyée à l'écueil, la machine coulée à fond, Gilliatt noyé, c'était l'affaire d'un effort unique sur un seul point. Tout pouvait être fini à la fois, en même temps, et sans dispersion; tout pouvait être écrasé d'un coup.

Pas de situation plus critique que celle de Gilliatt.

Le sphinx possible, soupçonné par les rêveurs au fond de l'ombre, semblait lui poser un dilemme.

Reste, ou pars.

Partir était insensé, rester était effrayant.

VI

LE COMBAT

Gilliatt monta sur la grande Douvre.

De là il voyait toute la mer.

L'ouest était surprenant. Il en sortait une muraille. Une grande muraille de nuée, barrant de part en part l'étendue, montait lentement de l'horizon vers le zénith. Cette muraille, rectiligne verticale, sans une crevasse dans sa hauteur, sans une déchirure à son arête, paraissait bâtie à l'équerre et tirée au cordeau. C'était du nuage ressemblant à du granit. L'escarpement de ce nuage, tout à fait perpendiculaire à l'extrémité sud, fléchissait un peu vers le nord comme une tôle ployée, et offrait le vague glissement d'un plan incliné. Ce mur de brume s'élargissait et croissait sans que son entablement cessât un instant d'être parallèle à la ligne d'horizon, presque indistincte dans l'obscurité tombante. Cette muraille de l'air montait tout d'une pièce en silence. Pas une ondulation, pas un plissement, pas une saillie qui se déformât ou se déplaçât. Cette immobilité en mouvement était lugubre. Le soleil, blême derrière on ne sait quelle transparence malsaine, éclairait ce linéament d'apocalypse. La nuée envahissait déjà près de la moitié de l'espace. On eût dit l'effrayant talus de l'abîme. C'était quelque chose comme le lever d'une montagne d'ombre entre la terre et le ciel.

C'était en plein jour l'ascension de la nuit.

Il y avait dans l'air une chaleur de poêle. Une buée d'étuve se dégageait de cet amoncellement mystérieux. Le ciel, qui de bleu était devenu blanc, était de blanc devenu gris. On eût dit une grande ardoise. La mer, dessous, terne et plombée, était une autre ardoise énorme. Pas un souffle, pas un flot, pas un bruit. A perte de vue, la mer déserte. Aucune voile d'aucun côté. Les oiseaux s'étaient cachés. On sentait de la trahison dans l'infini.

Le grossissement de toute cette ombre s'amplifiait insensiblement.

La montagne mouvante de vapeurs qui se dirigeait vers les Douvres était un de ces nuages qu'on pourrait appeler les nuages de combat. Nuages louches. A travers ces entassements obscurs, on ne sait quel strabisme vous regarde.

Cette approche était terrible.

Gilliatt examina fixement la nuée et grommela entre ses dents : J'ai soif, tu vas me donner à boire.

Il demeura quelques moments immobile, l'œil attaché sur le nuage. On eût dit qu'il toisait la tempête.

Sa galérienne était dans la poche de sa vareuse, il l'en tira et s'en coiffa. Il prit, dans le trou où il avait si longtemps couché, sa réserve de hardes; il chaussa les jambières et endossa le suroît, comme un chevalier qui revêt son armure au moment de l action. On sait qu'il n'avait plus de souliers, mais ses pieds nus étaient endurcis aux rochers.

Cette toilette de guerre faite, il considéra son brise-lames, empoigna vivement la corde à nœuds, descendit du plateau de la Douvre, prit pied sur les roches d'en bas, et courut à son magasin. Quelques instants après, il était au travail. Le vaste nuage muet put entendre ses coups de marteau. Que faisait Gilliatt? Avec ce qui lui restait de clous, de cordes et de poutres il construisait au goulet de l'est une seconde claire-voie à dix ou douze pieds en arrière de la première.

Le silence était toujours profond. Les brins d'herbe dans les fentes de l'écueil ne bougeaient pas.

Brusquement le soleil disparut. Gilliatt leva la tête.

La nuée montante venait d'atteindre le soleil. Ce fut comme une extinction du jour, remplacé par une réverbération mêlée et pâle.

La muraille de nuée avait changé d'aspect. Elle n'avait plus son unité. Elle s'était froncée horizontalement en touchant au zénith d'où elle surplombait sur le reste du ciel. Elle avait maintenant des étages. La formation de la tempête s'y dessinait comme dans une section de tranchée. On distinguait les couches de la pluie et les gisements de la grêle. Il n'y avait point d'éclair, mais une horrible lueur éparse ; car l'idée d'horreur peut s'attacher à l'idée de lumière. On entendait la vague respiration de l'orage. Ce silence palpitait obscurément. Gilliatt, silencieux lui aussi, regardait se grouper au-dessus de sa tête tous ces blocs de brume et se composer la difformité des nuages. Sur l'horizon pesait et s'étendait une bande de brouillard couleur cendre, et au zénith une bande couleur plomb; des guenilles livides pendaient des nuages d'en haut sur les brouillards d'en bas. Tout le fond, qui était le mur de nuages, était blafard, laiteux, terreux, morne, indescriptible. Une mince nuée blanchâtre transversale, arrivée on ne sait d'où, coupait obliquement, du nord au sud, la haute muraille sombre. Une des extrémités de cette nuée traînait dans la mer. Au point où elle touchait la confusion des vagues, on apercevait dans l'obscurité un étouffement de vapeur rouge. Au-dessous de la longue nuée pâle, de petits nuages, très-bas, tout noirs, volaient en sens inverse les uns des autres comme s'ils ne savaient que devenir. Le puissant nuage du fond croissait de toutes parts à la fois, augmentait l'éclipse, et continuait son interposition lugubre. Il n'y avait plus, à l'est, derrière Gilliatt, qu'un porche de ciel clair qui allait se fermer. Sans qu'on eût l'impression d'aucun vent, une étrange diffusion de duvet grisâtre passa, éparpillée et émiettée, comme si quelque gigantesque oiseau venait d'être plumé derrière ce mur de ténèbres. Il s'était formé un plafond de noirceur compacte qui, à l'extrême horizon, touchait la mer et s'y mêlait dans de la nuit. On sentait quelque chose qui avance. C'était vaste et lourd, et farouche. L'obscurité s'épaississait. Tout à coup, un immense tonnerre éclata.

Gilliatt lui-même ressentit la secousse. Il y a du songe dans le tonnerre. Cette réalité brutale dans la région visionnaire a quelque chose de terrifiant. On croit entendre la chute d'un meuble dans la chambre des géants.

Aucun flamboiement électrique n'accompagna le coup. Ce fut comme un tonnerre noir. Le silence se refit. Il y eut une sorte d'intervalle comme lorsqu'on prend position. Puis, apparurent, l'un après l'autre et lentement, de grands éclairs informes. Ces éclairs étaient muets. Pas de grondement. A chaque éclair tout s'illuminait. Le mur de nuages était maintenant un antre. Il y avait des voûtes et des arches. On y distinguait des silhouettes. Des têtes monstrueuses s'ébauchaient; des cous semblaient se tendre ; des éléphants portant leurs tours, entrevus, s'évanouissaient. Une colonne de brume, droite, ronde et noire, surmontée d'une vapeur blanche, simulait la cheminée d'un steamer colossal englouti, chauffant sous la vague et fumant. Des nappes de nuée ondulaient. On croyait voir des plis de drapeaux. Au centre, sous des épaisseurs vermeilles, s'enfonçait, immobile, un noyau de brouillard dense, inerte, impénétrable aux étincelles électriques, sorte de fœtus hideux dans le ventre de la tempête.

Gilliatt subitement sentit qu'un souffle l'échevelait. Trois ou quatre larges araignées de pluie s'écrasèrent autour de lui sur la roche. Puis il y eut un second coup de foudre. Le vent se leva.

L'attente de l'ombre était au comble ; le premier coup de tonnerre avait remué la mer, le deuxième fêla la muraille de nuée du haut en bas, un trou se fit, toute l'ondée en suspens versa de ce côté, la crevasse devint comme une bouche ouverte pleine de pluie, et le vomissement de la tempête commença.

L'instant fut effroyable.

Averse, ouragan, fulgurations, fulminations, vagues jusqu'aux nuages, écume, détonations, torsions frénétiques, cris, rauquements, sifflements, tout à la fois. Déchaînement de monstres.

Le vent soufflait en foudre. La pluie ne tombait pas, elle croulait.

Pour un pauvre homme, engagé, comme Gilliatt, avec une barque chargée, dans un entre-deux de rochers en pleine mer, pas de crise plus menaçante. Le danger de la marée, dont Gilliatt avait triomphé, n'était rien près du danger de la tempête. Voici quelle était la situation :

Gilliatt, autour de qui tout était précipice, démasquait, à la dernière minute et devant le péril suprême, une stratégie savante. Il avait pris son point d'appui chez l'ennemi même ; il s'était associé l'écueil ; le rocher Douvres, autrefois son adversaire, était maintenant son second dans cet immense duel. Gilliatt l'avait mis sous lui. De ce sépulcre, Gilliatt avait fait sa forteresse. Il s'était crénelé dans cette masure formidable de la mer. Il y était bloqué, mais muré. Il était, pour ainsi dire, adossé à l'écueil, face à face avec l'ouragan. Il avait barricadé le détroit, cette rue des vagues. C'était du reste la seule chose à faire. Il semble que l'Océan, qui est un despote, puisse être, lui aussi, mis à la raison par des barricades. La panse pouvait être considérée comme en sûreté de trois côtés. Étroitement resserrée entre les deux façades intérieures de l'écueil, affourchée en patte d'oie, elle était abritée au nord par la petite Douvre, au sud par la grande, escarpements sauvages, plus habitués à faire des naufrages qu'à en empêcher. A l'ouest elle était protégée par le tablier de poutres amarré et cloué aux rochers, barrage éprouvé qui avait vaincu le rude flux de la haute mer, véritable porte de citadelle ayant pour chambranles les colonnes mêmes de l'écueil, les deux Douvres. Rien à craindre de ce côté-là. C'est à l'est qu'était le danger.

A l'est il n'y avait que le brise-lames. Un brise-lames est un appareil de pulvérisation. Il lui faut au moins deux claires-voies. Gilliatt n'avait eu le temps que d'en construire une. Il bâtissait la seconde sous la tempête même.

Heureusement le vent arrivait du nord-ouest. La mer fait des maladresses. Ce vent, qui est l'ancien vent de galerne, avait peu d'effet sur les roches Douvres. Il assaillait l'écueil en travers, et ne poussait le flot ni sur l'un, ni sur l'autre des deux goulets du défilé, de sorte qu'au lieu d'entrer dans une rue, il se heurtait à une muraille. L'orage avait mal attaqué.

Mais les attaques du vent sont courbes, et il fallait s'attendre à quelque virement subit. Si ce virement se faisait à l'est avant que la deuxième claire-voie du brise-lames fût construite, le péril serait grand. L'envahissement de la ruelle de rochers par la tempête s'accomplirait, et tout était perdu.

L'étourdissement de l'orage allait croissant. Toute la tempête est coup sur coup. C'est là sa puissance ; c'est aussi là son défaut. A force d'être une rage, elle donne prise à l'intelligence, et l'homme se défend ; mais sous quel écrasement ! Rien n'est plus monstrueux. Nul répit, pas d'interruption, pas de trêve, pas de reprise d'haleine. Il y a on ne sait quelle lâcheté dans cette prodigalité de l'inépuisable. On sent que c'est le poumon de l'infini qui souffle.

Toute l'immensité en tumulte se ruait sur l'écueil Douvres. On entendait des voix sans nombre. Qui donc crie ainsi ? L'antique épouvante panique était là. Par moments, cela avait l'air de parler, comme si quelqu'un faisait un commandement. Puis des clameurs, des clairons, des trépidations étranges, et ce grand hurlement majestueux que les marins nomment *appel de l'Océan*. Les spirales indéfinies et fuyantes du vent sifflaient en tordant le flot ; les vagues, devenues disques sous ces tournoiements, étaient lancées contre les brisants comme des palets gigantesques par des athlètes invisibles. L'énorme écume échevelait toutes les roches. Torrents en haut, baves en bas. Puis les mugissements redoublaient. Aucune rumeur humaine ou bestiale ne saurait donner l'idée des fracas mêlés à ces dislocations de la mer. La nuée canonnait, les grêlons mitraillaient, la houle escaladait. De certains points semblaient immobiles ; sur d'autres le vent faisait vingt toises par seconde. La mer à perte de vue était blanche ; dix lieues d'eau de savon emplissaient l'horizon. Des portes de feu s'ouvraient. Quelques nuages paraissaient brûlés par les autres, et, sur des tas de nuées rouges qui ressemblaient à des braises, ils ressemblaient à des fumées. Des configurations flottantes se heurtaient et s'amalgamaient, se déformant les unes par les autres. Une eau incommensurable ruisselait. On entendait des feux de pelotons dans le firmament. Il y avait au milieu du plafond d'ombre une espèce de vaste hotte renversée d'où tombaient pêle-mêle la trombe, la grêle, les nuées, les pourpres, les phosphores, la nuit, la lumière, les foudres, tant ces penchements du gouffre sont formidables !

Gilliatt semblait n'y pas faire attention. Il avait la tête baissée sur son travail. La deuxième claire-voie commençait à s'exhausser. A chaque coup de tonnerre il répondait par un coup de marteau. On entendait cette cadence dans ce chaos. Il était nu-tête. Une rafale lui avait emporté sa galérienne.

Sa soif était ardente. Il avait probablement la fièvre. Des flaques de pluie s'étaient formées autour de lui dans des trous de rochers. De temps en temps il prenait de l'eau dans le creux de sa main et buvait. Puis, sans même examiner où en était l'orage, il se remettait à la besogne.

Tout pouvait dépendre d'un instant. Il savait ce qui l'attendait s'il ne terminait pas à temps son brise-lames. A quoi bon perdre une minute à regarder s'approcher la face de la mort?

Le bouleversement autour de lui était comme une chaudière qui bout. Il y avait du fracas et du tapage. Par instants la foudre semblait descendre un escalier. Les percussions électriques revenaient sans cesse aux mêmes pointes de rocher, probablement veinées de diorite. Il y avait des grêlons gros comme le poing. Gilliatt était forcé de secouer les plis de sa vareuse. Jusqu'à ses poches étaient pleines de grêle.

La tourmente était maintenant ouest, et battait le barrage des deux Douvres ; mais Gilliatt avait confiance en ce barrage, et avec raison. Ce barrage, fait du grand morceau de l'avant de la Durande, recevait sans dureté le choc du flot ; l'élasticité est une résistance ; les calculs de Stevenson établissent que, contre la vague, élastique elle-même, un assemblage de bois, d'une dimension voulue, rejointoyé et enchaîné d'une certaine façon, fait meilleur obstacle qu'un breack-water de maçonnerie. Le barrage des Douvres remplissait ces conditions; il était d'ailleurs si ingénieusement amarré que la lame, en frappant dessus, était comme le marteau qui enfonce le clou, et l'appuyait au rocher et le consolidait; pour le démolir, il eût fallu renverser les Douvres. La rafale, en effet, ne réussissait qu'à envoyer à la panse, par-dessus l'obstacle, quelques jets de bave. De ce côté, grâce au barrage, la tempête avortait en crachement. Gilliatt tournait le dos à cet effort-là. Il sentait tranquillement derrière lui cette rage inutile.

Les flocons d'écume, volant de toutes parts, ressemblaient à de la laine. L'eau vaste et irritée noyait les rochers, montait dessus, entrait dedans, pénétrait dans le réseau des fissures intérieures, et ressortait des masses granitiques par des fentes étroites, espèces de bouches intarissables qui faisaient dans ce déluge de petites fontaines paisibles. Çà et là des filets d'argent tombaient gracieusement de ces trous dans la mer.

La claire-voie de renfort du barrage de l'est s'achevait. Encore quelques nœuds de corde et de chaîne, et le moment approchait où cette clôture pourrait à son tour lutter.

Subitement, une grande clarté se fit, la pluie discontinua, les nuées se désagrégèrent, le vent venait de sauter, une sorte de haute fenêtre crépusculaire s'ouvrit au zénith, et les éclairs s'éteignirent; on put croire à la fin. C'était le commencement.

La saute de vent était du sud-ouest au nord-est.

La tempête allait reprendre, avec une nouvelle troupe d'ouragans. Le nord allait donner assaut, assaut violent. Les marins nomment cette reprise redoutée *la rafale de la renverse*. Le vent du sud a plus d'eau, le vent du nord a plus de foudre.

L'agression maintenant, venant de l'est, allait s'adresser au point faible.

Cette fois Gilliatt se dérangea de son travail. Il regarda.

Il se plaça debout sur une saillie de rocher en surplomb derrière la deuxième claire-voie presque terminée. Si la première claie du brise-lames était emportée, elle défoncerait la seconde, pas consolidée encore, et sous cette démolition elle écraserait Gilliatt. Gilliatt, à la place qu'il venait de choisir, serait broyé avant de voir la panse et la machine et toute son œuvre s'abîmer dans cet engouffrement. Telle était l'éventualité. Gilliatt l'acceptait, et, terrible, la voulait.

Dans ce naufrage de toutes ses espérances, mourir d'abord, c'est ce qu'il lui fallait; mourir le premier ; car la machine lui faisait l'effet d'une personne. Il releva de sa main gauche ses cheveux collés sur ses yeux par la pluie, étreignit à pleine poignée son bon marteau, se pencha en arrière, menaçant lui-même, et attendit.

Il n'attendit pas longtemps.

Un éclat de foudre donna le signal, l'ouverture pâle du zénith se ferma, une bouffée d'averse se précipita, tout redevint obscur, et il n'y eut plus de flambeau que l'éclair. La sombre attaque arrivait.

Une puissante houle, visible dans les coups sur coups de l'éclair, se leva à l'est au delà du rocher l'Homme. Elle ressemblait à un gros rouleau de verre. Elle était glauque et sans écume et barrait toute la mer. Elle avançait vers le brise-lames. En approchant, elle s'enflait; c'était on ne sait quel large cylindre de ténèbres roulant sur l'océan. Le tonnerre grondait sourdement.

Cette houle atteignit le rocher l'Homme, s'y cassa en deux, et passa outre. Les deux tronçons rejoints ne firent plus qu'une montagne d'eau, et de parallèle qu'elle était au brise-lames, elle y devint perpendiculaire. C'était une vague qui avait la forme d'une poutre.

Ce bélier se jeta sur le brise-lames. Le choc fut rugissant. Tout s'effaça dans l'écume.

On ne peut se figurer, si on ne les a vues, ces avalanches de neige que la mer s'ajoute, et sous lesquelles elle engloutit des rochers de plus de cent pieds de haut, tels, par exemple, que le Grand-Anderlo à Guernesey et le Pinacle à Jersey. A Sainte-Marie de Madagascar, elle saute par-dessus la pointe de Tintingue.

Pendant quelques instants, le paquet de mer aveugla tout. Il n'y eut plus rien de visible qu'un entassement furieux, une bave démesurée, la blancheur du linceul tournoyant au vent du sépulcre, un amas de bruit et d'orage sous lequel l'extermination travaillait.

L'écume se dissipa. Gilliatt était debout.

Le barrage avait tenu bon. Pas une chaîne rompue, pas un clou déplanté. Le barrage avait montré sous l'épreuve les deux qualités du brise-lames; il avait été souple comme une claie et solide comme un mur. La houle s'y était dissoute en pluie.

Un ruissellement d'écume, glissant le long des zigzags du détroit, alla mourir sous la panse.

L'homme qui avait fait cette muselière à l'Océan ne se reposa pas.

L'orage heureusement divagua pendant quelque temps. L'acharnement des vagues revint aux parties murées de l'écueil. Ce fut un répit. Gilliatt en profita pour compléter la claire-voie d'arrière.

La journée s'acheva dans ce labeur. La tourmente continuait ses violences sur le flanc de l'écueil avec une solennité lugubre. L'urne d'eau et l'urne de feu qui sont dans les nuées se versaient sans se vider. Les ondulations hautes et basses du vent ressemblaient aux mouvements d'un dragon.

Quand la nuit vint, elle y était déjà; on ne s'en aperçut pas.

Du reste, ce n'était point l'obscurité complète.

Les tempêtes, illuminées et aveuglées par l'éclair, ont des intermittences de visible et d'invisible. Tout est blanc, puis tout est noir. On assiste à la sortie des visions et à la rentrée des ténèbres.

Une zone de phosphore, rouge de la rougeur boréale, flottait comme un haillon de flamme spectrale derrière les épaisseurs de nuages. Il en résultait un vaste blêmissement. Les largeurs de la pluie étaient lumineuses.

Ces clartés aidaient Gilliatt et le dirigeaient. Une fois il se tourna et dit à l'éclair : Tiens-moi la chandelle.

Il put, à cette lueur, exhausser la claire-voie d'arrière plus haut encore que la claire-voie d'avant. Le brise-lames se trouva presque complet. Comme Gilliatt amarrait à l'étrave culminante un câble de renfort, la bise lui souffla en plein dans le visage. Ceci lui fit dresser la tête. Le vent s'était brusquement replacé au nord-est. L'assaut du goulet de l'est recommençait. Gilliatt jeta les yeux au large. Le brise-lames allait être encore assailli. Un nouveau coup de mer venait.

Cette lame fut rudement assenée ; une deuxième la suivit, puis une autre et une autre encore, cinq ou six en tumulte, presque ensemble ; enfin une dernière, épouvantable.

Celle-ci, qui était comme un total de forces, avait on ne sait quelle figure d'une chose vivante. Il n'aurait pas été malaisé d'imaginer dans cette intumescence et dans cette transparence des aspects d'ouïes et de nageoires. Elle s'aplatit et se broya sur le brise-lames. Sa forme presque animale s'y déchira dans un rejaillissement. Ce fut, sur ce bloc de rochers et de charpentes, quelque chose comme le vaste écrasement d'une hydre. La houle en mourant dévastait. Le flot paraissait se cramponner et mordre. Un profond tremblement remua l'écueil. Des grognements de bête s'y mêlaient. L'écume ressemblait à la salive d'un léviathan.

L'écume retombée laissa voir un ravage. Cette dernière escalade avait fait de la besogne. Cette fois le brise-lames avait souffert. Une longue et lourde poutre, arrachée de la claire-voie d'avant, avait été lancée par-dessus le barrage d'arrière, sur la roche en surplomb choisie un moment par Gilliatt pour poste de combat. Par bonheur, il n'y était point remonté. Il eût été tué roide.

Il y eut dans la chute de ce poteau une singularité, qui, en empêchant le madrier de rebondir, sauva Gilliatt des ricochets et des contre-coups. Elle lui fut même utile encore, comme on va le voir, d'une autre façon.

Entre la roche en saillie et l'escarpement intérieur du défilé il y avait un intervalle, un grand hiatus assez semblable à l'entaille d'une hache ou à l'alvéole d'un coin. Une des extrémités du madrier jeté en l'air par le flot s'était en tombant engagée dans cet hiatus. L'hiatus s'en était élargi.

Une idée vint à Gilliatt.

Peser sur l'autre extrémité.

Le madrier, pris par un bout dans la fente du rocher qu'il avait agrandie, en sortait droit comme un bras tendu. Cette espèce de bras s'allongeait parallèlement à la façade intérieure du défilé, et l'extrémité libre du madrier s'éloignait de ce point d'appui d'environ dix-huit ou vingt pouces. Bonne distance pour l'effort à faire.

Gilliatt s'arc-bouta des pieds, des genoux et des poings à l'escarpement et s'adossa des deux épaules au levier énorme. La poutre était longue ; ce qui augmentait la puissance de la pesée. La roche était déjà ébranlée. Pourtant Gilliatt dut s'y reprendre à quatre fois. Il lui ruisselait des cheveux autant de sueur que de pluie. Le quatrième effort fut frénétique. Il y eut un rauquement dans le rocher, l'hiatus prolongé en fissure s'ouvrit comme une mâchoire, et la lourde masse tomba dans l'étroit entre-deux du défilé avec un bruit terrible, réplique aux coups de foudre.

Elle tomba droite, si cette expression est possible, c'est-à-dire sans se casser.

Qu'on se figure un menhir précipité tout d'une pièce.

La poutre-levier suivit le rocher, et Gilliatt, tout cédant à la fois sous lui, faillit lui-même tomber.

Le fond était très-comblé de galets en cet endroit et il y avait peu d'eau. Le monolithe, dans un clapotement d'écume qui éclaboussa Gilliatt, se coucha entre les deux grandes roches parallèles du défilé et fit une muraille transversale, sorte de trait d'union des deux escarpements. Ses deux bouts touchaient ; il était un peu trop long, et son sommet qui était de roche mousse s'écrasa en s'emboîtant. Il résulta de cette chute un cul-de-sac singulier, qu'on peut voir encore aujourd'hui. L'eau, derrière cette barre de pierre, est presque toujours tranquille.

C'était là un rempart plus invincible encore que le panneau de l'avant de la Durande ajusté entre les deux Douvres.

Ce barrage intervint à propos.

Les coups de mer avaient continué. La vague s'opiniâtre toujours sur l'obstacle. La première claire-voie entamée commençait à se désarticuler. Une maille défaite à un brise-lames est une grave avarie. L'élargissement du trou est inévitable, et nul moyen d'y remédier sur place. La houle emporterait le travailleur.

Une décharge électrique, qui illumina l'écueil, dévoila à Gilliatt le dégât qui se faisait dans le brise-lames, les poutres déjetées, les bouts de corde et les bouts de chaîne commençant à jouer dans le vent, une déchirure au centre de l'appareil. La deuxième claire-voie était intacte.

Le bloc de pierre, si puissamment jeté par Gilliatt dans l'entre-deux derrière le brise-lames, était la plus solide des barrières, mais avait un défaut ; il était trop bas. Les coups de mer ne pouvaient le rompre, mais pouvaient le franchir.

Il ne fallait point songer à l'exhausser. Des masses rocheuses seules pouvaient être utilement superposées à ce barrage de pierre ; mais comment les détacher, comment les traîner, comment les soulever, comment les étager, comment les fixer ? On ajoute des charpentes, on n'ajoute pas des rochers.

Gilliatt n'était pas Encelade.

Le peu d'élévation de ce petit isthme de granit préoccupait Gilliatt.

Ce défaut ne tarda point à se faire sentir. Les rafales ne quittaient plus le brise-lames ; elles faisaient plus que s'acharner, on eût dit qu'elles s'appliquaient. On entendait sur cette charpente cahotée une sorte de piétinement.

Tout à coup un tronçon d'hiloire, détaché de cette dislocation, sauta au delà de la deuxième claire-voie, vola par-dessus la roche transversale, et alla s'abattre dans le défilé où l'eau le saisit et l'emporta dans les sinuosités de la ruelle. Gilliatt l'y perdit de vue. Il est probable que le morceau de poutre alla heurter la panse. Heureusement, dans l'intérieur de l'écueil, l'eau, enfermée de toutes parts, se ressentait à peine du bouleversement extérieur. Il y avait peu de flot, et le choc ne put être très-rude. Gilliatt du reste n'avait pas le temps de s'occuper de cette avarie, s'il y avait avarie ; tous les dangers se levaient à la fois, la tempête se concentrait sur le point vulnérable, l'imminence était devant lui.

L'obscurité fut un moment profonde, l'éclair s'interrompit, connivence sinistre ; la nuée et la vague ne firent qu'un ; il y eut un coup sourd.

Ce coup fut suivi d'un fracas.

Gilliatt avança la tête. La claire-voie, qui était le front du barrage, était défoncée. On voyait les pointes de poutres bondir dans la vague. La mer se servait du premier brise-lames pour battre en brèche le second.

Gilliatt éprouva ce qu'éprouverait un général qui verrait son avant-garde ramenée.

Le deuxième rang de poutres résista au choc. L'armature d'arrière était fortement liée et contre-butée. Mais la claire-voie rompue était pesante, elle était à la discrétion des flots qui la lançaient, puis la reprenaient, les ligatures qui lui restaient l'empêchaient de s'émietter et lui maintenaient tout son volume, et les qualités que Gilliatt lui avait données comme appareil de défense aboutissaient à en faire un excellent engin de destruction. De bouclier elle était devenue massue. En outre les cassures la hérissaient, des bouts de solives lui sortaient de partout, et elle était comme couverte de dents et d'éperons. Pas d'arme contondante plus redoutable et plus propre à être maniée par la tempête.

Elle était le projectile et la mer était la catapulte.

Les coups se succédaient avec une sorte de régularité tragique. Gilliatt, pensif derrière cette porte barricadée par lui, écoutait ces frappements de la mort voulant entrer.

Il réfléchissait amèrement que, sans cette cheminée de la Durande si fatalement retenue par l'épave, il serait en cet instant-là même, et depuis le matin, rentré à Guernesey, et au port, avec la panse en sûreté et la machine sauvée.

La chose redoutée se réalisa. L'effraction eut lieu. Ce fut comme un râle. Toute la charpente du brise-lames à la fois, les deux armatures confondues et broyées ensemble, vint, dans une trombe de houle, se ruer sur le barrage de pierre comme un chaos sur une montagne, et s'y arrêta. Cela ne fut plus qu'un enchevêtrement, informe broussaille de poutres, pénétrable aux flots, mais les pulvérisant encore. Ce rempart vaincu agonisait héroïquement. La mer l'avait fracassé, il brisait la mer. Renversé, il demeurait, dans une certaine mesure, efficace. La roche formant barrage, obstacle sans recul possible, le retenait par le pied. Le défilé était, nous l'avons dit, très-étroit sur ce point; la rafale victorieuse avait refoulé, mêlé et pilé tout le brise-lames en bloc dans cet étranglement; la violence même de la poussée, en tassant la masse et en enfonçant les fractures les unes dans les autres, avait fait de cette démolition un écrasement solide. C'était détruit et inébranlable. Quelques pièces de bois seulement s'arrachèrent. Le flot les dispersa. Une passa en l'air très-près de Gilliatt. Il en sentit le vent sur son front.

Mais quelques lames, ces grosses lames qui dans les tourmentes reviennent avec une périodicité imperturbable, sautaient par-dessus la ruine du brise-lames. Elles retombaient dans le défilé, et, en dépit des coudes que faisait la ruelle, elles y soulevaient l'eau. Le flot du détroit commençait à remuer fâcheusement. Le baiser obscur des vagues aux rochers s'accentuait.

Comment empêcher à présent cette agitation de se propager jusqu'à la panse?

Il ne faudrait pas beaucoup de temps à ces rafales pour mettre toute l'eau intérieure en tempête, et en quelques coups de mer la panse serait éventrée, et la machine coulée.

Gilliatt songeait, frémissant.

Mais il ne se déconcertait point. Pas de déroute possible pour cette âme.

L'ouragan maintenant avait trouvé le joint et s'engouffrait frénétiquement entre les deux murailles du détroit.

Tout à coup retentit et se prolongea dans le défilé, à quelque distance en arrière de Gilliatt, un craquement, plus effrayant que tout ce que Gilliatt avait encore entendu.

C'était du côté de la panse.

Quelque chose de funeste se passait là.

Gilliatt y courut.

Du goulet de l'est, où il était, il ne pouvait voir la panse, à cause des zigzags de la ruelle. Au dernier tournant, il s'arrêta, et attendit un éclair.

L'éclair arriva et lui montra la situation.

Au coup de mer sur le goulet de l'est avait répondu un coup de vent sur le goulet de l'ouest. Un désastre s'y ébauchait.

La panse n'avait point d'avarie visible; affourchée comme elle était, elle donnait peu de prise; mais la carcasse de la Durande était en détresse.

Cette ruine, dans une telle tempête, présentait de la surface. Elle était toute hors de l'eau, en l'air, offerte. Le trou que lui avait pratiqué Gilliatt pour en extraire la machine achevait d'affaiblir la coque. La poutre de quille était coupée. Ce squelette avait la colonne vertébrale rompue.

L'ouragan avait soufflé dessus.

Il n'en avait point fallu davantage. Le tablier du pont s'était plié comme un livre qui s'ouvre. Le démembrement s'était fait. C'était ce craquement qui, à travers la tourmente, était parvenu aux oreilles de Gilliatt.

Ce qu'il vit en approchant paraissait presque irrémédiable.

L'incision carrée opérée par lui était devenue une plaie. De cette coupure le vent avait fait une fracture. Cette brisure transversale séparait l'épave en deux. La partie postérieure, voisine de la panse, était demeurée solide dans son étau de rochers. La partie antérieure, celle qui faisait face à Gilliatt, pendait. Une fracture, tant qu'elle tient, est un gond. Cette masse oscillait sur ses cassures, comme sur des charnières, et le vent la balançait avec un bruit redoutable.

Heureusement la panse n'était plus dessous.

Mais ce balancement ébranlait l'autre moitié de la coque encore incrustée et immobile entre les deux Douvres. De l'ébranlement à l'arrachement il n'y a pas loin. Sous l'opiniâtreté du vent, la partie disloquée pouvait subitement entraîner l'autre, qui touchait presque à la panse, et tout, la panse avec la machine, s'engloutirait sous cet effondrement.

Gilliatt avait cela devant les yeux.

C'était la catastrophe.

Comment la détourner ?

Gilliatt était de ceux qui du danger même font jaillir le secours. Il se recueillit un moment.

Gilliatt alla à son arsenal et prit sa hache.

Le marteau avait bien travaillé, c'était le tour de la cognée.

Puis Gilliatt monta sur l'épave. Il prit pied sur

la partie du tablier qui n'avait pas fléchi, et, penché au-dessus du précipice de l'entre-deux des Douvres, il se mit à achever les poutres brisées et à couper ce qui restait d'attaches à la coque pendante.

Consommer la séparation des deux tronçons de l'épave, délivrer la moitié restée solide, jeter au flot ce que le vent avait saisi, faire la part à la tempête, telle était l'opération. Elle était plus périlleuse que malaisée. La moitié pendante de la coque, tirée par le vent et par son poids, n'adhérait que par quelques points. L'ensemble de l'épave ressemblait à un diptyque dont un volet à demi décloué battrait l'autre. Cinq ou six pièces de la membrure seulement, pliées et éclatées, mais non rompues, tenaient encore. Leurs fractures criaient et s'élargissaient à chaque va-et-vient de la bise, et la hache n'avait pour ainsi dire qu'à aider le vent. Ce peu d'attaches, qui faisait la facilité de ce travail, en faisait aussi le danger. Tout pouvait crouler à la fois sous Gilliatt.

L'orage atteignait son paroxysme. La tempête n'avait été que terrible, elle devint horrible. La convulsion de la mer gagna le ciel. La nuée jusque-là avait été souveraine, elle semblait exécuter ce qu'elle voulait, elle donnait l'impulsion, elle versait la folie aux vagues, tout en gardant on ne sait quelle lucidité sinistre. En bas c'était de la démence, en haut c'était de la colère. Le ciel est le souffle, l'océan n'est que l'écume. De là l'autorité du vent. L'ouragan est génie. Cependant l'ivresse de sa propre horreur l'avait troublé. Il n'était plus que tourbillon. C'était l'aveuglement enfantant la nuit. Il y a dans les tourmentes un moment insensé; c'est pour le ciel une espèce de montée au cerveau. L'abîme ne sait plus ce qu'il fait. Il foudroie à tâtons. Rien de plus affreux. C'est l'heure hideuse. La trépidation de l'écueil était à son comble. Tout orage a une mystérieuse orientation; à cet instant-là, il la perd. C'est le mauvais endroit de la tempête. A cet instant-là, *le vent*, disait Thomas Fuller, *est un fou furieux*. C'est à cet instant-là que se fait dans les tempêtes cette dépense continue d'électricité que Piddington appelle *la cascade d'éclairs*. C'est à cet instant-là qu'au plus noir de la nuée apparaît, on ne sait pourquoi, pour espionner l'effarement universel, ce cercle de lueur bleue que les vieux marins espagnols nommaient l'OEil de tempête, *el ojo de tempestad*. Cet œil lugubre était sur Gilliatt.

Gilliatt de son côté regardait la nuée. Maintenant il levait la tête. Après chaque coup de cognée il se dressait, hautain. Il était, ou il semblait être, trop perdu pour que l'orgueil ne lui vînt pas. Désespérait-il? Non. Devant le suprême accès de rage de l'océan, il était aussi prudent que hardi. Il ne mettait les pieds dans l'épave que sur les points solides. Il se risquait et se préservait. Lui aussi était à son paroxysme. Sa vigueur avait décuplé. Il était éperdu d'intrépidité. Ses coups de cognée sonnaient comme des défis. Il paraissait avoir gagné en lucidité ce que la tempête avait perdu. Conflit pathétique. D'un côté l'intarissable, de l'autre l'infatigable. C'était à qui ferait lâcher prise à l'autre. Les nuées terribles modelaient dans l'immensité des masques de gorgones, tout le dégagement d'intimidation possible se produisait, la pluie venait des vagues, l'écume venait des nuages, les fantômes du vent se courbaient, des faces de météore s'empourpraient et s'éclipsaient, et l'obscurité était monstrueuse après ces évanouissements; il n'y avait plus qu'un versement, arrivant de tous les côtés à la fois ; tout était ébullition ; l'ombre en masse débordait ; les cumulus chargés de grêle, déchiquetés, couleur cendre, paraissaient pris d'une espèce de frénésie giratoire, il y avait en l'air un bruit de pois secs secoués dans un crible, les électricités inverses observées par Volta faisaient de nuage à nuage leur jeu fulminant, les prolongements de la foudre étaient épouvantables, les éclairs s'approchaient tout près de Gilliatt. Il semblait étonner l'abîme. Il allait et venait sur la Durande branlante, faisant trembler le pont sous son pas, frappant, taillant, coupant, tranchant, la hache au poing, blême aux éclairs, échevelé, pieds nus, en haillons, la face couverte des crachats de la mer, grand dans ce cloaque de tonnerres.

Contre le délire des forces, l'adresse seule peut lutter. L'adresse était le triomphe de Gilliatt. Il voulait une chute ensemble de tout le débris disloqué. Pour cela, il affaiblissait les fractures charnières sans les rompre tout à fait, laissant quelques fibres qui soutenaient le reste. Subitement il s'arrêta, tenant la cognée haute. L'opération était à point. Le morceau entier se détacha.

Cette moitié de la carcasse de l'épave coula entre les deux Douvres, au-dessous de Gilliatt debout sur l'autre moitié, penché et regardant. Elle plongea perpendiculairement dans l'eau, éclaboussa les rochers, et s'arrêta dans l'étranglement avant de toucher le fond. Il en resta assez hors de l'eau pour dominer le flot de plus de douze pieds ; le tablier vertical faisait muraille entre les deux Douvres ; comme la roche jetée en travers un peu plus haut dans le détroit, il laissait à peine filtrer un glissement d'écume à ses deux extrémités ; et ce fut la cinquième barricade improvisée par Gilliatt contre la tempête dans cette rue de la mer.

L'ouragan, aveugle, avait travaillé à cette barricade dernière.

Il était heureux que le resserrement des parois eût empêché ce barrage d'aller jusqu'au fond. Cela lui laissait plus de hauteur ; en outre l'eau pouvait passer sous l'obstacle, ce qui soutirait de la force aux lames. Ce qui passe par-dessous ne saute point par-dessus. C'est là, en partie, le secret du brise-lames flottant.

Désormais, quoi que fît la nuée, rien n'était à

craindre pour la panse et la machine. L'eau ne pouvait plus bouger autour d'elles. Entre la clôture des Douvres qui les couvrait à l'ouest et le nouveau barrage qui les protégeait à l'est, aucun coup de mer ni de vent ne pouvait les atteindre.

Gilliatt de la catastrophe avait tiré le salut. La nuée, en somme, l'avait aidé.

Cette chose faite, il prit d'une flaque de pluie un peu d'eau dans le creux de sa main, but, et dit à la nuée : cruche !

C'est une joie ironique pour l'intelligence combattante de constater la vaste stupidité des forces furieuses aboutissant à des services rendus, et Gilliatt sentait cet immémorial besoin d'insulter son ennemi, qui remonte aux héros d'Homère.

Gilliatt descendit dans la panse et profita des éclairs pour l'examiner. Il était temps que le secours arrivât à la pauvre barque, elle avait été fort secouée dans l'heure précédente et elle commençait à s'arquer. Gilliatt, dans ce coup d'œil sommaire, ne constata aucune avarie. Pourtant il était certain qu'elle avait enduré des chocs violents. Une fois l'eau calmée, la coque s'était redressée d'elle-même ; les ancres s'étaient bien comportées; quant à la machine, ses quatre chaînes l'avaient admirablement maintenue.

Comme Gilliatt achevait cette revue, une blancheur passa près de lui et s'enfonça dans l'ombre. C'était une mouette.

Pas d'apparition meilleure dans les tourmentes. Quand les oiseaux arrivent, c'est que l'orage se retire.

Autre signe excellent, le tonnerre redoublait.

Les suprêmes violences de la tempête la désorganisent. Tous les marins le savent, la dernière épreuve est rude, mais courte. L'excès de foudre annonce la fin.

La pluie s'arrêta subitement. Puis il n'y eut plus qu'un roulement bourru dans la nuée. L'orage cessa comme une planche qui tombe à terre. Il se cassa, pour ainsi dire. L'immense machine des nuages se défit. Une lézarde de ciel clair disjoignit les ténèbres. Gilliatt fut stupéfait, il était grand jour.

La tempête avait duré près de vingt heures.

Le vent, qui avait apporté, remporta. Un écroulement d'obscurité diffuse encombra l'horizon. Les brumes rompues et fuyantes se massèrent pêle-mêle en tumulte, il y eut d'un bout à l'autre de la ligne des nuages un mouvement de retraite, on entendit une longue rumeur décroissante, quelques dernières gouttes de pluie tombèrent, et toute cette ombre pleine de tonnerres s'en alla comme une cohue de chars terribles.

Brusquement le ciel fut bleu.

Gilliatt s'aperçut qu'il était las. Le sommeil s'abat sur la fatigue comme un oiseau de proie. Gilliatt se laissa fléchir et tomber dans la barque sans choisir la place, et s'endormit. Il resta ainsi quelques heures inerte et allongé, peu distinct des poutres et des solives parmi lesquelles il gisait.

LIVRE QUATRIÈME

LES DOUBLES FONDS DE L'OBSTACLE

I

QUI A FAIM N'EST PAS LE SEUL

Quand il s'éveilla, il eut faim.

La mer s'apaisait. Mais il restait assez d'agitation au large pour que le départ immédiat fût impossible. La journée d'ailleurs était trop avancée. Avec le chargement que portait la panse, pour arriver à Guernesey avant minuit, il fallait partir le matin.

Quoique la faim le pressât, Gilliatt commença

par se mettre nu, seul moyen de se réchauffer.

Ses vêtements étaient trempés par l'orage, mais l'eau de pluie avait lavé l'eau de mer, ce qui fait que maintenant ils pouvaient sécher.

Gilliatt ne garda que son pantalon, qu'il releva jusqu'aux jarrets.

Il étendit çà et là et fixa avec des galets sur les saillies de rocher autour de lui sa chemise, sa vareuse, son suroit, ses jambières et sa peau de mouton.

Puis il pensa à manger.

Gilliatt eut recours à son couteau qu'il avait grand soin d'aiguiser et de tenir toujours en état, et il détacha du granit quelques poux de roque, de la même espèce à peu près que les clonisses de la Méditerranée. On sait que cela se mange cru. Mais, après tant de labeurs si divers et si rudes, la pitance était maigre. Il n'avait plus de biscuit. Quant à l'eau, elle ne lui manquait plus. Il était mieux que désaltéré, il était inondé.

Il profita de ce que la mer baissait pour rôder dans les rochers à la recherche des langoustes. Il y avait assez de découverte pour espérer une bonne chasse.

Seulement il ne réfléchissait pas qu'il ne pouvait plus rien faire cuire. S'il eût pris le temps d'aller jusqu'à son magasin, il l'eût trouvé effondré sous la pluie. Son bois et son charbon étaient noyés, et de sa provision d'étoupe, qui lui tenait lieu d'amadou, il n'y avait pas un brin qui ne fût mouillé. Nul moyen d'allumer du feu.

Du reste, la soufflante était désorganisée; l'auvent du foyer de la forge était descellé; l'orage avait fait le sac du laboratoire. Avec ce qui restait d'outils échappés à l'avarie, Gilliatt, à la rigueur, pouvait encore travailler comme charpentier, non comme forgeron. Mais Gilliatt, pour l'instant, ne songeait pas à son atelier.

Tiré d'un autre côté par l'estomac, il s'était mis, sans plus de réflexion, à la poursuite de son repas. Il errait, non dans la gorge de l'écueil, mais en dehors, sur le revers des brisants. C'était de ce côté-là que la Durande, dix semaines auparavant, était venue se heurter aux récifs.

Pour la chasse que faisait Gilliatt, l'extérieur du défilé valait mieux que l'intérieur. Les crabes, à mer basse, ont l'habitude de prendre l'air. Ils se chauffent volontiers au soleil. Ces êtres difformes aiment midi. C'est une chose bizarre que leur sortie de l'eau en pleine lumière. Leur fourmillement indigne presque. Quand on les voit, avec leur gauche allure oblique, monter lourdement, de pli en pli, les étages inférieurs des rochers comme les marches d'un escalier, on est forcé de s'avouer que l'océan a de la vermine.

Depuis deux mois, Gilliatt vivait de cette vermine.

Ce jour-là pourtant les poing-clos et les langoustes se dérobaient. La tempête avait refoulé ces solitaires dans leurs cachettes, et ils n'étaient pas encore rassurés. Gilliatt tenait à la main son couteau ouvert, et arrachait de temps en temps un coquillage sous le varech. Il mangeait, tout en marchant.

Il ne devait pas être loin de l'endroit où sieur Clubin s'était perdu.

Comme Gilliatt prenait le parti de se résigner aux oursins et aux châtaignes de mer, un clapotement se fit à ses pieds. Un gros crabe, effrayé de son approche, venait de sauter à l'eau. Le crabe ne s'enfonça point assez pour que Gilliatt le perdît de vue.

Gilliatt se mit à courir après le crabe sur le soubassement de l'écueil. Le crabe fuyait.

Subitement il n'y eut plus rien.

Le crabe venait de se fourrer dans quelque crevasse sous le rocher.

Gilliatt se cramponna du poing à des reliefs de roche et avança la tête pour voir sous les surplombs.

Il y avait là en effet une anfractuosité. Le crabe avait dû s'y réfugier.

C'était mieux qu'une crevasse. C'était une espèce de porche.

La mer entrait sous ce porche, mais n'y était pas profonde. On voyait le fond couvert de galets. Ces galets étaient glauques et revêtus de conferves, ce qui indiquait qu'ils n'étaient jamais à sec. Ils ressemblaient à des dessus de têtes d'enfants avec des cheveux verts.

Gilliatt prit son couteau dans ses dents, descendit des pieds et des mains du haut de l'escarpement et sauta dans cette eau. Il en eut presque jusqu'aux épaules.

Il s'engagea sous ce porche. Il se trouvait dans un couloir fruste avec une ébauche de voûte ogive sur sa tête. Les parois étaient polies et lisses. Il ne voyait plus le crabe. Il avait pied. Il avançait dans une décroissance de jour. Il commençait à ne plus rien distinguer.

Après une quinzaine de pas, la voûte cessa au-dessus de lui. Il était hors du couloir. Il y avait plus d'espace, et par conséquent plus de jour; ses pupilles d'ailleurs s'étaient dilatées; il voyait assez clair. Il eut une surprise.

Il venait de rentrer dans cette cave étrange visitée par lui le mois d'auparavant.

Seulement il y était rentré par la mer.

Cette arche qu'il avait vue noyée, c'est par là qu'il venait de passer. A de certaines marées basses, elle était praticable.

Ses yeux s'accoutumaient. Il voyait de mieux en mieux. Il était stupéfait. Il retrouvait cet extraordinaire palais de l'ombre, cette voûte, ces piliers, ces sangs ou ces pourpres, cette végétation à pierreries, et, au fond, cette crypte, presque sanctuaire, et cette pierre, presque autel.

Il se rendait peu compte de ces détails, mais il avait dans l'esprit l'ensemble, et il le revoyait.

Il revoyait en face de lui, à une certaine hauteur dans l'escarpement, la crevasse par laquelle il avait pénétré la première fois, et qui, du point où il était maintenant, semblait inaccessible.

Il revoyait près de l'arche ogive ces grottes basses et obscures, sortes de caveaux dans la cave, qu'il avait déjà observées de loin. A présent, il en était près. La plus voisine de lui était à sec et aisément abordable.

Plus près encore que cet enfoncement, il remarqua, au-dessus du niveau de l'eau, à portée de sa main, une fissure horizontale dans le granit. Le crabe était probablement là. Il y plongea le poing le plus avant qu'il put, et se mit à tâtonner dans ce trou de ténèbres.

Tout à coup il se sentit saisir le bras.

Ce qu'il éprouva en ce moment, c'est l'horreur indescriptible.

Quelque chose qui était mince, âpre, plat, glacé, gluant et vivant venait de se tordre dans l'ombre autour de son bras nu. Cela lui montait vers la poitrine. C'était la pression d'une courroie et la poussée d'une vrille. En moins d'une seconde, on ne sait quelle spirale lui avait envahi le poignet et le coude et touchait l'épaule. La pointe fouillait sous son aisselle.

Gilliatt se rejeta en arrière, mais put à peine remuer. Il était comme cloué. De sa main gauche restée libre il prit son couteau qu'il avait entre ses dents, et de cette main, tenant le couteau, s'arc-bouta au rocher, avec un effort désespéré pour retirer son bras. Il ne réussit qu'à inquiéter un peu la ligature, qui se resserra. Elle était souple comme le cuir, solide comme l'acier, froide comme la nuit.

Une deuxième lanière, étroite et aiguë, sortit de la crevasse du roc. C'était comme une langue hors d'une gueule. Elle lécha épouvantablement le torse nu de Gilliatt, et tout à coup s'allongeant, démesurée et fine, elle s'appliqua sur sa peau et lui entoura tout le corps. En même temps, une souffrance inouïe, comparable à rien, soulevait les muscles crispés de Gilliatt. Il sentait dans sa peau des enfoncements ronds, horribles. Il lui semblait que d'innombrables lèvres, collées à sa chair, cherchaient à lui boire le sang.

Une troisième lanière ondoya hors du rocher, tâta Gilliatt, et lui fouetta les côtes comme une corde. Elle s'y fixa.

L'angoisse, à son paroxysme, est muette. Gilliatt ne jetait pas un cri. Il y avait assez de jour pour qu'il pût voir les repoussantes formes appliquées sur lui. Une quatrième ligature, celle-ci rapide comme une flèche, lui sauta autour du ventre et s'y enroula.

Impossible de couper ni d'arracher ces courroies visqueuses qui adhéraient étroitement au corps de Gilliatt et par quantité de points. Chacun de ces points était un foyer d'affreuse et bizarre douleur. C'était ce qu'on éprouverait si l'on se sentait avalé à la fois par une foule de bouches trop petites.

Un cinquième allongement jaillit du trou. Il se superposa aux autres et vint se replier sur le diaphragme de Gilliatt. La compression s'ajoutait à l'anxiété ; Gilliatt pouvait à peine respirer.

Ces lanières, pointues à leur extrémité, allaient s'élargissant comme des lames d'épée vers la poignée. Toutes les cinq appartenaient évidemment au même centre. Elles marchaient et rampaient sur Gilliatt. Il sentait se déplacer ces pressions obscures qui lui semblaient être des bouches.

Brusquement une large viscosité ronde et plate sortit de dessous la crevasse. C'était le centre, les cinq lanières s'y rattachaient comme des rayons à un moyeu ; on distinguait au côté opposé de ce disque immonde le commencement de trois autres tentacules, restés sous l'enfoncement du rocher. Au milieu de cette viscosité il y avait deux yeux qui regardaient.

Ces yeux voyaient Gilliatt.

Gilliatt reconnut la pieuvre.

II

LE MONSTRE

Pour croire à la pieuvre, il faut l'avoir vue.

Comparées à la pieuvre, les vieilles hydres font sourire.

A de certains moments, on serait tenté de le penser, l'insaisissable qui flotte en nos songes rencontre dans le possible des aimants auxquels ses linéaments se prennent, et de ces obscures fixations du rêve il sort des êtres. L'Inconnu dispose du prodige, et il s'en sert pour composer le monstre. Orphée, Homère et Hésiode n'ont pu faire que la Chimère ; Dieu a fait la Pieuvre.

Quand Dieu veut, il excelle dans l'exécrable.

Le pourquoi de cette volonté est l'effroi du penseur religieux.

Tous les idéals étant admis, si l'épouvante est un but, la pieuvre est un chef-d'œuvre.

La baleine a l'énormité, la pieuvre est petite ; l'hippopotame a une cuirasse, la pieuvre est nue ; la jararaca a un sifflement, la pieuvre est muette ; le rhinocéros a une corne, la pieuvre n'a pas de corne ; le scorpion a un dard, la pieuvre n'a pas de dard ; le buthus a des pinces, la pieuvre n'a pas de pinces ; l'alouate a une queue prenante, la pieuvre n'a pas de queue ; le requin a des nageoires tranchantes, la pieuvre n'a pas de nageoires ; le vespertilio-vampire a des ailes onglées, la pieuvre n'a pas d'ailes ; le hérisson a des épines, la pieuvre n'a pas d'épines ; l'espadon a un glaive, la pieuvre n'a pas de glaive ; la torpille a une foudre, la pieuvre n'a pas d'effluve ; le crapaud a un virus, la pieuvre n'a pas de virus ; la vipère a un venin, la pieuvre n'a pas de venin; le lion a des griffes, la pieuvre n'a pas de griffes; le gypaète a un bec, la pieuvre n'a pas de bec; le crocodile a une gueule, la pieuvre n'a pas de dents.

La pieuvre n'a pas de masse musculaire, pas de cri menaçant, pas de cuirasse, pas de corne, pas de dard, pas de pince, pas de queue prenante ou contondante, pas d'ailerons tranchants, pas d'ailerons onglés, pas d'épines, pas d'épée, pas de décharge électrique, pas de virus, pas de venin, pas de griffes, pas de bec, pas de dents. La pieuvre est de toutes les bêtes la plus formidablement armée.

Qu'est-ce donc que la pieuvre? C'est la ventouse.

Dans les écueils de pleine mer, là où l'eau étale et cache toutes ses splendeurs, dans les creux de rochers non visités, dans les caves inconnues où abondent les végétations, les crustacés et les coquillages, sous les profonds portails de l'océan, le nageur qui s'y hasarde, entraîné par la beauté du lieu, court le risque d'une rencontre. Si vous faites cette rencontre, ne soyez pas curieux, évadez-vous. On entre ébloui, on sort terrifié.

Voici ce que c'est que cette rencontre, toujours possible dans les roches du large.

Une forme grisâtre oscille dans l'eau, c'est gros comme le bras, et long d'une demi-aune environ; c'est un chiffon; cette forme ressemble à un parapluie fermé qui n'aurait pas de manche. Cette loque avance vers vous peu à peu. Soudain, elle s'ouvre, huit rayons s'écartent brusquement autour d'une face qui a deux yeux; ces rayons vivent; il y a du flamboiement dans leur ondoiement; c'est une sorte de roue; déployée, elle a quatre ou cinq pieds de diamètre. Épanouissement effroyable. Cela se jette sur vous.

L'hydre harponne l'homme.

Cette bête s'applique sur sa proie, la recouvre, et la noue de ses longues bandes. En dessous elle est jaunâtre; en dessus elle est terreuse; rien ne saurait rendre cette inexplicable nuance poussière, on dirait une bête faite de cendre qui habite l'eau. Elle est arachnide par la forme et caméléon par la coloration. Irritée, elle devient violette. Chose épouvantable, c'est mou.

Ses nœuds garrottent; son contact paralyse.

Elle a un aspect de scorbut et de gangrène.

C'est de la maladie arrangée en monstruosité.

Elle est inarrachable. Elle adhère étroitement à sa proie. Comment ? Par le vide. Les huit antennes, larges à l'origine, vont s'effilant et s'achèvent en aiguilles. Sous chacune d'elles s'allongent parallèlement deux rangées de pustules décroissantes, les grosses près de la tête, les petites à la pointe. Chaque rangée est de vingt-cinq; il y a cinquante pustules par antenne, et toute la bête en a quatre cents. Ces pustules sont des ventouses.

Ces ventouses sont des cartilages cylindriques, cornés, livides. Sur la grande espèce, elles vont diminuant du diamètre d'une pièce de cinq francs à la grosseur d'une lentille. Ces tronçons de tubes sortent de l'animal et y rentrent. Ils peuvent s'enfoncer dans la proie de plus d'un pouce.

Cet appareil de succion a toute la délicatesse d'un clavier. Il se dresse, puis se dérobe. Il obéit à la moindre intention de l'animal. Les sensibilités les plus exquises n'égalent pas la contractilité de ces ventouses, toujours proportionnée aux mouvements intérieurs de la bête et aux incidents extérieurs. Ce dragon est une sensitive.

Ce monstre est celui que les marins appellent poulpe, que la science appelle céphalopode, et que la légende appelle kraken. Les matelots anglais l'appellent *Devil-fish,* le Poisson-Diable. Ils l'appellent aussi *Blood-Sucker,* Suceur de sang. Dans les îles de la Manche on le nomme la pieuvre.

Il est très-rare à Guernesey, très-petit à Jersey, très-gros et assez fréquent à Serk.

Une estampe de l'édition de Buffon par Sonnini représente un poulpe étreignant une frégate. Denis Montfort pense qu'en effet le poulpe des hautes latitudes est de force à couler un navire. Bory Saint-Vincent le nie, mais constate que dans nos régions il attaque l'homme. Allez à Serk, on vous montrera près de Brecq-Hou le creux de rocher où une pieuvre, il y a quelques années, a saisi, retenu et noyé un pêcheur de homards. Péron et Lamarck se trompent quand ils doutent que le poulpe, n'ayant pas de nageoires, puisse nager. Celui qui écrit ces lignes a vu de ses yeux à Serk, dans la cave dite les Boutiques, une pieuvre poursuivre à la nage un baigneur. Tuée, on la mesura, elle avait quatre pieds anglais d'envergure, et l'on put compter les quatre cents suçoirs. La bête agonisante les poussait hors d'elle convulsivement.

Selon Denis Montfort, un de ces observateurs que l'intuition à haute dose fait descendre ou monter jusqu'au magisme, le poulpe a presque des passions d'homme ; le poulpe hait. En effet, dans l'absolu, être hideux, c'est haïr.

Le difforme se débat sous une nécessité d'élimination qui le rend hostile.

La pieuvre nageant reste, pour ainsi dire, dans le fourreau. Elle nage, tous ses plis serrés. Qu'on se représente une manche cousue avec un poing dedans. Ce poing, qui est la tête, pousse le liquide et avance d'un vague mouvement ondulatoire. Ses deux yeux, quoique gros, sont peu distincts étant de la couleur de l'eau.

La pieuvre en chasse ou au guet, se dérobe ; elle se rapetisse, elle se condense ; elle se réduit à la plus simple expression. Elle se confond avec la pénombre. Elle a l'air d'un pli de la vague. Elle ressemble à tout, excepté à quelque chose de vivant.

La pieuvre, c'est l'hypocrite. On n'y fait pas attention ; brusquement, elle s'ouvre.

Une viscosité qui a une volonté, quoi de plus effroyable! De la glu pétrie de haine.

C'est dans le plus bel azur de l'eau limpide que surgit cette hideuse étoile vorace de la mer. Elle n'a pas d'approche, ce qui est terrible. Presque toujours, quand on la voit, on est pris.

La nuit, pourtant, et particulièrement dans la saison du rut, elle est phosphorescente. Cette épouvante a ses amours. Elle attend l'hymen. Elle se fait belle, elle s'allume, elle s'illumine, et du haut de quelque rocher on peut l'apercevoir au-dessous de soi dans les profondes ténèbres épanouie en une irradiation blême, soleil spectre.

La pieuvre nage; elle marche aussi. Elle est un peu poisson, ce qui ne l'empêche pas d'être un peu reptile. Elle rampe sur le fond de la mer. En marche elle utilise ses huit pattes. Elle se traîne à la façon de la chenille arpenteuse.

Elle n'a pas d'os, elle n'a pas de sang, elle n'a pas de chair. Elle est flasque. Il n'y a rien dedans. C'est une peau. On peut retourner ses huit tentacules du dedans au dehors comme des doigts de gants.

Elle a un seul orifice, au centre de son rayonnement. Cet hiatus unique, est-ce l'anus? est-ce la bouche? C'est les deux.

La même ouverture fait les deux fonctions. L'entrée est l'issue.

Toute la bête est froide.

Le carnasse de la Méditerranée est repoussant. C'est un contact odieux que cette gélatine animée qui enveloppe le nageur, où les mains s'enfoncent, où les ongles labourent, qu'on déchire sans la tuer, et qu'on arrache sans l'ôter, espèce d'être coulant et tenace qui vous passe entre les doigts; mais aucune stupeur n'égale la subite apparition de la pieuvre, Méduse servie par huit serpents.

Pas de saisissement pareil à l'étreinte de ce céphalopode.

C'est la machine pneumatique qui vous attaque. Vous avez affaire au vide ayant des pattes. Ni coups d'ongles, ni coups de dents; une scarification indicible. Une morsure est redoutable, moins qu'une succion. La griffe n'est rien près de la ventouse. La griffe, c'est la bête qui entre dans votre chair; la ventouse, c'est vous-même qui entrez dans la bête. Vos muscles s'enflent, vos fibres se tordent, votre peau éclate sous une pesée immonde, votre sang jaillit et se mêle affreusement à la lymphe du mollusque. La bête se superpose à vous par mille bouches infâmes ; l'hydre s'incorpore à l'homme ; l'homme s'amalgame à l'hydre. Vous ne faites qu'un. Ce rêve est sur vous. Le tigre ne peut que vous dévorer ; le poulpe, horreur ! vous aspire. Il vous tire à lui et en lui, et, lié, englué, impuissant, vous vous sentez lentement vidé dans cet épouvantable sac, qui est un monstre.

Au delà du terrible, être mangé vivant, il y a l'inexprimable, être bu vivant.

Ces étranges animaux, la science les rejette d'abord, selon son habitude d'excessive prudence même vis-à-vis des faits, puis elle se décide à les étudier ; elle les dissèque, elle les classe, elle les catalogue, elle leur met une étiquette ; elle s'en procure des exemplaires ; elle les expose sous verre dans les musées ; ils entrent dans la nomenclature ; elle les qualifie mollusques, invertébrés, rayonnés ; elle constate leurs voisinages : un peu au delà les calmars, un peu en deçà les sépiaires, elle trouve à ces hydres de l'eau salée un analogue dans l'eau douce, l'argyronecte ; elle les divise en grande, moyenne et petite espèce ; elle admet plus aisément la petite espèce que la grande, ce qui est d'ailleurs, dans toutes les régions, la tendance de la science, laquelle est plus volontiers microscopique que télescopique ; elle regarde leur construction et les appelle céphalopodes, elle compte leurs antennes et les appelle octopèdes. Cela fait, elle les laisse là. Où la science les lâche, la philosophie les reprend.

La philosophie étudie à son tour ces êtres. Elle va moins loin et plus loin que la science. Elle ne les dissèque pas, elle les médite. Où le scalpel a travaillé, elle plonge l'hypothèse. Elle cherche la cause finale. Profond tourment du penseur. Ces créatures l'inquiètent presque sur le créateur. Elles sont les surprises hideuses. Elles sont les trouble-fête du contemplateur. Il les constate éperdu. Elles sont les formes voulues du mal. Que devenir devant ces blasphèmes de la création contre elle-même ? A qui s'en prendre ?

Le Possible est une matrice formidable. Le

mystère se concrète en monstres. Des morceaux d'ombre sortent de ce bloc, l'immanence, se déchirent, se détachent, roulent, flottent, se condensent, font des emprunts à la noirceur ambiante, subissent des polarisations inconnues, prennent vie, se composent on ne sait quelle forme avec l'obscurité et on ne sait quelle âme avec le miasme, et s'en vont, larves, à travers la vitalité. C'est quelque chose comme les ténèbres faites bêtes. A quoi bon? à quoi cela sert-il? Rechute de la question éternelle.

Ces animaux sont fantômes autant que monstres. Ils sont prouvés et improbables. Être est leur fait, ne pas être serait leur droit. Ils sont les amphibies de la mort. Leur invraisemblance complique leur existence. Ils touchent la frontière humaine et peuplent la limite chimérique. Vous niez le vampire, la pieuvre apparaît. Leur fourmillement est une certitude qui déconcerte notre assurance. L'optimisme, qui est le vrai pourtant, perd presque contenance devant eux. Ils sont l'extrémité visible des cercles noirs. Ils marquent la transition de notre réalité à une autre. Ils semblent appartenir à ce commencement d'êtres terribles que le songeur entrevoit confusément par le soupirail de la nuit.

Ces prolongements de monstres, dans l'invisible d'abord, dans le possible ensuite, ont été soupçonnés, aperçus peut-être, par l'extase sévère et par l'œil fixe des mages et des philosophes. De là la conjecture d'un enfer. Le démon est le tigre de l'invisible. La bête fauve des âmes a été dénoncée au genre humain par deux visionnaires, l'un qui s'appelle Jean, l'autre qui s'appelle Dante.

Si en effet les cercles de l'ombre continuent indéfiniment, si après un anneau il y en a un autre, si cette aggravation persiste en progression illimitée, si cette chaîne, dont pour notre part nous sommes résolu à douter, existe, il est certain que la pieuvre à une extrémité prouve Satan à l'autre.

Il est certain que le méchant à un bout prouve à l'autre bout la méchanceté.

Toute bête mauvaise, comme toute intelligence perverse, est sphinx.

Sphinx terrible proposant l'énigme terrible. L'énigme du mal.

C'est cette perfection du mal qui a fait pencher

parfois de grands esprits vers la croyance au dieu double, vers le redoutable bi-frons des manichéens.

Une soie chinoise, volée dans la dernière guerre au palais de l'empereur de la Chine, représente le requin qui mange le crocodile qui mange le serpent qui mange l'aigle qui mange l'hirondelle qui mange la chenille.

Toute la nature que nous avons sous les yeux est mangeante et mangée. Les proies s'entremordent.

Cependant des savants qui sont aussi des philosophes, et par conséquent bienveillants pour la création, trouvent ou croient trouver l'explication. Le but final frappe, entre autres, Bonnet de Genève, ce mystérieux esprit exact, qui fut opposé à Buffon, comme plus tard Geoffroy Saint-Hilaire l'a été à Cuvier. L'explication serait ceci : la mort partout exige l'ensevelissement partout. Les voraces sont des ensevelisseurs.

Tous les êtres rentrent les uns dans les autres. Pourriture, c'est nourriture. Nettoyage effrayant du globe. L'homme, carnassier, est, lui aussi, un enterreur. Notre vie est faite de mort. Telle est la loi terrifiante. Nous sommes sépulcres.

LE MONSTRE.

Dans notre monde crépusculaire, cette fatalité de l'ordre produit des monstres. Vous dites : à quoi bon? Le voilà.

Est-ce l'explication? Est-ce la réponse à la question? Mais alors pourquoi pas un autre ordre? La question renaît.

Vivons, soit.

Mais tâchons que la mort nous soit progrès. Aspirons aux mondes moins ténébreux.

Suivons la conscience qui nous y mène.

Car, ne l'oublions jamais, le mieux n'est trouvé que par le meilleur.

III

AUTRE FORME DU COMBAT DANS LE GOUFFRE

Tel était l'être auquel, depuis quelques instants, Gilliatt appartenait.

Ce monstre était l'habitant de cette grotte. Il était l'effrayant génie du lieu. Sorte de sombre démon de l'eau.

Toutes ces magnificences avaient pour centre l'horreur.

Le mois d'auparavant, le jour où pour la première fois Gilliatt avait pénétré dans la grotte, la noirceur ayant un contour entrevue par lui dans les plissements de l'eau secrète, c'était cette pieuvre.

Elle était là chez elle.

Quand Gilliatt, entrant pour la seconde fois dans cette cave à la poursuite du crabe, avait aperçu la crevasse où il avait pensé que le crabe se réfugiait, la pieuvre était dans ce trou, au guet.

Se figure-t-on cette attente?

Pas un oiseau n'oserait couver, pas un œuf n'oserait éclore, pas une fleur n'oserait s'ouvrir, pas un sein n'oserait allaiter, pas un cœur n'oserait aimer, pas un esprit n'oserait s'envoler, si l'on songeait aux sinistres patiences embusquées dans l'abîme.

Gilliatt avait enfoncé son bras dans le trou; la pieuvre l'avait happé.

Elle le tenait.

Il était la mouche de cette araignée.

Gilliatt était dans l'eau jusqu'à la ceinture, les pieds crispés sur la rondeur des galets glissants, le bras droit étreint et assujetti par les enroulements plats des courroies de la pieuvre, et le torse disparaissant presque sous les replis et les croisements de ce bandage horrible.

Des huit bras de la pieuvre, trois adhéraient à Gilliatt. De cette façon, cramponnée d'un côté au granit, de l'autre à l'homme, elle enchaînait Gilliatt au rocher. Gilliatt avait sur lui deux cent cinquante suçoirs. Complication d'angoisse et de dégoût. Être serré dans un poing démesuré dont les doigts élastiques, longs de près d'un mètre, sont intérieurement pleins de pustules vivantes qui vous fouillent la chair.

Nous l'avons dit, on ne s'arrache pas à la pieuvre. Si on l'essaye, on est plus sûrement lié. Elle ne fait que se resserrer davantage. Son effort croît en raison du vôtre. Plus de secousse produit plus de constriction.

Gilliatt n'avait qu'une ressource, son couteau.

Il n'avait de libre que la main gauche; mais on sait qu'il en usait puissamment. On aurait pu dire de lui qu'il avait deux mains droites.

Son couteau, ouvert, était dans cette main.

On ne coupe pas les antennes de la pieuvre;

c'est un cuir impossible à trancher, il glisse sous la lame ; d'ailleurs la superposition est telle qu'une entaille à ces lanières entamerait votre chair.

Le poulpe est formidable ; pourtant il y a une manière de s'en servir. Les pêcheurs de Serk la connaissent ; qui les a vus exécuter en mer de certains mouvements brusques, le sait. Les marsouins la connaissent aussi ; ils ont une façon de mordre la sèche qui lui coupe la tête. De là tous ces calmars, toutes ces sèches et tous ces poulpes sans tête qu'on rencontre au large.

Le poulpe, en effet, n'est vulnérable qu'à la tête.

Gilliatt ne l'ignorait point.

Il n'avait jamais vu de pieuvre de cette dimension. Du premier coup, il se trouvait pris par la grande espèce. Un autre se fût troublé.

Pour la pieuvre comme pour le taureau il y a un moment qu'il faut saisir ; c'est l'instant où le taureau baisse le cou, c'est l'instant où la pieuvre avance la tête ; instant rapide. Qui manque ce joint est perdu.

Tout ce que nous venons de dire n'avait duré que quelques minutes. Gilliatt pourtant sentait croître la succion des deux cent cinquante ventouses.

La pieuvre est traître. Elle tâche de stupéfier d'abord sa proie. Elle saisit, puis attend le plus qu'elle peut.

Gilliatt tenait son couteau. Les succions augmentaient.

Il regardait la pieuvre, qui le regardait.

Tout à coup la bête détacha du rocher sa sixième antenne, et, la lançant sur Gilliatt, tâcha de lui saisir le bras gauche.

En même temps elle avança vivement la tête. Une seconde de plus, sa bouche-anus s'appliquait sur la poitrine de Gilliatt. Gilliatt, saigné au flanc, et les deux bras garrottés, était mort.

Mais Gilliatt veillait. Guetté, il guettait.

Il évita l'antenne, et, au moment où la bête allait mordre sa poitrine, son poing armé s'abattit sur la bête.

Il y eut deux convulsions en sens inverse, celle de la pieuvre et celle de Gilliatt.

Ce fut comme la lutte de deux éclairs.

Gilliatt plongea la pointe de son couteau dans la viscosité plate, et, d'un mouvement giratoire pareil à la torsion d'un coup de fouet, faisant un cercle autour des deux yeux, il arracha la tête comme on arrache une dent.

Ce fut fini.

Toute la bête tomba.

Cela ressembla à un linge qui se détache. La pompe aspirante détruite, le vide se défit. Les quatre cents ventouses lâchèrent à la fois le rocher et l'homme. Ce haillon coula au fond de l'eau.

Gilliatt, haletant du combat, put apercevoir à ses pieds sur les galets deux tas gélatineux informes, la tête d'un côté, le reste de l'autre. Nous disons le reste, car on ne pourrait dire le corps.

Gilliatt toutefois, craignant quelque reprise convulsive de l'agonie, recula hors de la portée des tentacules.

Mais la bête était bien morte.

Gilliatt referma son couteau.

IV

RIEN NE SE CACHE ET RIEN NE SE PERD

Il était temps qu'il tuât la pieuvre. Il était presque étouffé ; son bras droit et son torse étaient violets ; plus de deux cents tumeurs s'y ébauchaient ; le sang jaillissait de quelques-unes çà et là. Le remède à ces lésions, c'est l'eau salée. Gilliatt s'y plongea. En même temps il se frottait avec la paume de la main. Les gonflements s'effaçaient sous ces frictions.

En reculant et en s'enfonçant plus avant dans l'eau, il s'était, sans s'en apercevoir, rapproché de l'espèce de caveau, déjà remarqué par lui, près de la crevasse où il avait été harponné par la pieuvre.

Ce caveau se prolongeait obliquement, et à sec, sous les grandes parois de la cave. Les galets qui s'y étaient amassés en avaient exhaussé le fond au-dessus du niveau des marées ordinaires. Cette anfractuosité était un assez large cintre surbaissé; un homme y pouvait entrer en se courbant. La clarté verte de la grotte sous-marine y pénétrait, et l'éclairait faiblement.

Il arriva que, tout en frictionnant en hâte sa peau tuméfiée, Gilliatt leva machinalement les yeux.

Son regard s'enfonça dans ce caveau.

Il eut un tressaillement.

Il lui sembla voir au fond de ce trou dans l'ombre une sorte de face qui riait.

Gilliatt ignorait le mot hallucination, mais connaissait la chose. Les mystérieuses rencontres avec l'invraisemblable que, pour nous tirer d'affaire, nous appelons hallucinations, sont dans la nature

Illusions ou réalités, des visions passent. Qui se trouve là les voit. Gilliatt, nous l'avons dit, était un pensif. Il avait cette grandeur d'être parfois halluciné comme un prophète. On n'est pas impunément le songeur des lieux solitaires.

Il crut à un de ces mirages dont, homme nocturne qu'il était, il avait eu plus d'une fois la stupeur.

L'anfractuosité figurait assez exactement un four à chaux. C'était une niche basse en anse de panier, dont les voussures abruptes allaient se rétrécissant jusqu'à l'extrémité de la crypte où le cailloutis de galets et la voûte de roche se rejoignaient, et où finissait le cul-de-sac.

Il y entra, et, penchant le front, se dirigea vers ce qu'il y avait au fond.

Quelque chose riait en effet.

C'était une tête de mort.

Il n'y avait pas que la tête, il y avait le squelette.

Un squelette humain était couché dans ce caveau.

Le regard d'un homme hardi, en de pareilles rencontres, veut savoir à quoi s'en tenir.

Gilliatt jeta les yeux autour de lui.

Il était entouré d'une multitude de crabes.

Cette multitude ne remuait pas. C'était l'aspect que présenterait une fourmilière morte. Tous ces crabes étaient inertes. Ils étaient vides.

Leurs groupes, semés çà et là, faisaient sur le pavé de galets qui encombrait le caveau des constellations difformes.

Gilliatt, l'œil fixé ailleurs, avait marché dessus sans s'en apercevoir.

A l'extrémité de la crypte où Gilliatt était parvenu, il y en avait une plus grande épaisseur. C'était un hérissement immobile d'antennes, de pattes et de mandibules. Des pinces ouvertes se tenaient toutes droites et ne se fermaient plus. Les boîtes osseuses ne bougeaient pas sous leur croûte d'épines; quelques-unes retournées montraient leur creux livide. Cet entassement ressemblait à une mêlée d'assiégeants et avait l'enchevêtrement d'une broussaille.

C'est sous ce monceau qu'était le squelette.

On apercevait sous ce pêle-mêle de tentacules et d'écailles le crâne avec ses stries, les vertèbres, les fémurs, les tibias, les longs doigts noueux avec les ongles. La cage des côtes était pleine de crabes. Un cœur quelconque avait battu là. Des moisissures marines tapissaient les trous des yeux. Des patelles avaient laissé leur bave dans les fosses nasales. Du reste il n'y avait dans ce recoin de rocher ni goëmons, ni herbes, ni un souffle d'air. Aucun mouvement. Les dents ricanaient.

Le côté inquiétant du rire, c'est l'imitation qu'en fait la tête de mort.

Ce merveilleux palais de l'abîme, brodé et incrusté de toutes les pierreries de la mer, finissait par se révéler et par dire son secret. C'était un repaire, la pieuvre y habitait ; et c'était une tombe, un homme y gisait.

L'immobilité spectrale du squelette et des bêtes oscillait vaguement, à cause de la réverbération des eaux souterraines qui tremblait sur cette pétrification. Les crabes, fouillis effroyable, avaient l'air d'achever leur repas. Ces carapaces semblaient manger cette carcasse. Rien de plus étrange que cette vermine morte sur cette proie morte. Sombres continuations de la mort.

Gilliatt avait sous les yeux le garde-manger de la pieuvre.

Vision lugubre, et où se laissait prendre sur le fait l'horreur profonde des choses. Les crabes avaient mangé l'homme, la pieuvre avait mangé les crabes.

Il n'y avait près du cadavre aucun reste de vêtement. Il avait dû être saisi nu.

Gilliatt, attentif et examinant, se mit à ôter les crabes de dessus l'homme. Qu'était-ce que cet homme ? Le cadavre était admirablement disséqué. On eût dit une préparation d'anatomie ; toute la chair était éliminée ; pas un muscle ne restait, pas un os ne manquait. Si Gilliatt eût été du métier, il eût pu le constater. Les périostes dénudés étaient blancs, polis, et comme fourbis. Sans quelques verdissements de conferves çà et là, c'eût été de l'ivoire. Les cloisons cartilagineuses étaient délicatement amenuisées et ménagées. La tombe fait de ces bijouteries sinistres.

Le cadavre était comme enterré sous les crabes morts ; Gilliatt le déterrait.

Tout à coup il se pencha vivement.

Il venait d'apercevoir autour de la colonne vertébrale une espèce de lien.

C'était une ceinture de cuir qui avait évidemment été bouclée sur le ventre de l'homme de son vivant.

Le cuir était moisi. La boucle était rouillée.

Gilliatt tira à lui cette ceinture. Les vertèbres résistèrent, et il dut les rompre pour la prendre. La ceinture était intacte. Une croûte de coquillages commençait à s'y former.

Il la palpa et sentit un objet dur et de forme carrée dans l'intérieur. Il ne fallait pas songer à défaire la boucle. Il fendit le cuir avec son couteau.

La ceinture contenait une petite boîte de fer et quelques pièces d'or. Gilliatt compta vingt guinées.

La boîte de fer était une vieille tabatière de matelot, s'ouvrant à ressort. Elle était très-rouillée et très-fermée. Le ressort, complétement oxydé, n'avait plus de jeu.

Le couteau tira encore d'embarras Gilliatt. Une pesée de la pointe de la lame fit sauter le couvercle de la boîte.

La boîte s'ouvrit.

Il n'y avait dedans que du papier.

Une petite liasse de feuilles très-minces, pliées

en quatre, tapissait le fond de la boîte. Elles étaient humides, mais point altérées. La boîte, hermétiquement fermée, les avait préservées. Gilliatt les déplia.

C'étaient trois bank-notes de mille livres sterling chacune, faisant ensemble soixante-quinze mille francs.

Gilliatt les replia, les remit dans la boîte, profita d'un peu de place qui y restait pour y ajouter les vingt guinées, et referma la boîte le mieux qu'il put.

Il se mit à examiner la ceinture.

Le cuir, autrefois verni à l'extérieur, était brut à l'intérieur. Sur ce fond fauve quelques lettres étaient tracées en noir à l'encre grasse. Gilliatt déchiffra ces lettres et lut : *Sieur Clubin.*

V.

DANS L'INTERVALLE QUI SÉPARE SIX POUCES
DE DEUX PIEDS IL Y A DE QUOI LOGER LA MORT

Gilliatt remit la boîte dans la ceinture, et mit la ceinture dans la poche de son pantalon.

Il laissa le squelette aux crabes, avec la pieuvre morte à côté.

Pendant que Gilliatt était avec la pieuvre et avec le squelette, le flux remontant avait noyé le boyau d'entrée. Gilliatt ne put sortir qu'en plongeant sous l'arche. Il s'en tira sans peine; il connaissait l'issue, et il était maître dans ces gymnastiques de la mer.

On entrevoit le drame qui s'était passé là dix semaines auparavant. Un monstre avait saisi l'autre. La pieuvre avait pris Clubin.

Cela avait été, dans l'ombre inexorable, presque ce qu'on pourrait nommer la rencontre des hypocrisies. Il y avait eu, au fond de l'abîme, abordage entre ces deux existences faites d'attente et de ténèbres, et l'une, qui était la bête, avait exécuté l'autre, qui était l'âme. Sinistres justices.

Le crabe se nourrit de charogne, la pieuvre se nourrit de crabes. La pieuvre arrête au passage un animal nageant, une loutre, un chien, un homme si elle peut, boit le sang, et laisse au fond de l'eau le corps mort. Les crabes sont les scarabées nécrophores de la mer. La chair pourrissante les attire; ils viennent; ils mangent le cadavre, la pieuvre les mange. Les choses mortes disparaissent dans le crabe, le crabe disparaît dans la pieuvre. Nous avons déjà indiqué cette loi.

Clubin avait été l'appât de la pieuvre.

La pieuvre l'avait retenu et noyé; les crabes l'avaient dévoré. Un flot quelconque l'avait poussé dans la cave, au fond de l'anfractuosité où Gilliatt l'avait trouvé.

Gilliatt s'en revint, furetant dans les rochers, cherchant des oursins et des patelles, ne voulant plus de crabes. Il lui eût semblé manger de la chair humaine.

Du reste, il ne songeait plus qu'à souper le mieux possible avant de partir. Rien désormais ne l'arrêtait. Les grandes tempêtes sont toujours suivies d'un calme qui dure plusieurs jours quelquefois. Nul danger maintenant du côté de la mer. Gilliatt était résolu à partir le lendemain. Il importait de garder pendant la nuit, à cause de la marée, le barrage ajusté entre les Douvres; mais Gilliatt comptait défaire au point du jour ce barrage, pousser la panse hors des Douvres, et mettre à la voile pour Saint-Sampson. La brise de calme qui soufflait, et qui était sud-est, était précisément le vent qu'il lui fallait.

On entrait dans le premier quartier de la lune de mai; les jours étaient longs.

Quand Gilliatt, sa tournée de rôdeur de rochers

terminée et son estomac à peu près satisfait, revint à l'entre-deux des Douvres où était la panse, le soleil était couché, le crépuscule se doublait de ce demi-clair de lune qu'on pourrait appeler clair de croissant ; le flux avait atteint son plein, et commençait à redescendre. La cheminée de la machine debout au-dessus de la panse avait été couverte par les écumes de la tempête d'une couche de sel que la lune blanchissait.

Ceci rappela à Gilliatt que la tourmente avait jeté dans la panse beaucoup d'eau de pluie et d'eau de mer, et que, s'il voulait partir le lendemain, il fallait vider la barque.

Il avait constaté, en quittant la panse pour aller à la chasse aux crabes, qu'il y avait environ six pouces d'eau dans la cale. Sa pelle d'épuisement suffirait pour jeter cette eau dehors.

Arrivé à la barque, Gilliatt eut un mouvement de terreur. Il y avait dans la panse près de deux pieds d'eau.

Incident redoutable, la panse faisait eau.

Elle s'était peu à peu emplie pendant l'absence de Gilliatt. Chargée comme elle l'était, vingt pouces d'eau étaient un surcroît périlleux. Un peu plus, elle coulait. Si Gilliatt fût revenu une heure plus tard, il n'eût probablement trouvé hors de l'eau que la cheminée et le mât.

Il n'y avait pas même à prendre une minute pour délibérer. Il fallait chercher la voie d'eau, la boucher, puis vider la barque, ou du moins l'alléger. Les pompes de la Durande s'étaient perdues dans le naufrage; Gilliatt était réduit à la pelle d'épuisement de la panse.

Chercher la voie d'eau, avant tout. C'était le plus pressé.

Gilliatt se mit à l'œuvre tout de suite, sans même se donner le temps de se rhabiller, frémissant. Il ne sentait plus ni la faim, ni le froid.

La panse continuait de s'emplir. Heureusement il n'y avait point de vent. Le moindre clapotement l'eût coulée.

La lune se coucha.

Gilliatt, à tâtons, courbé, plus qu'à demi plongé dans l'eau, chercha longtemps. Il découvrit enfin l'avarie.

Pendant la bourrasque, au moment critique où la panse s'était arquée, la robuste barque avait talonné et heurté assez violemment le rocher. Un des reliefs de la petite Douvre avait fait dans la coque, à tribord, une fracture.

Cette voie d'eau était fâcheusement, on pourrait presque dire perfidement, située près du point de rencontre de deux porques, ce qui, joint à l'ahurissement de la tourmente, avait empêché Gilliatt, dans sa revue obscure et rapide au plus fort de l'orage, d'apercevoir le dégât.

La fracture avait cela d'alarmant qu'elle était large, et cela de rassurant que, bien qu'immergée en ce moment par la crue intérieure de l'eau, elle était au-dessus de la flottaison.

A l'instant où la crevasse s'était faite, le flot était rudement secoué dans le détroit, et il n'y avait plus de niveau de flottaison, la lame avait pénétré par l'effraction dans la panse, la panse sous cette surcharge s'était enfoncée de quelques pouces, et, même après l'apaisement des vagues, le poids du liquide infiltré, faisant hausser la ligne de flottaison, avait maintenu la crevasse sous l'eau. De là, l'imminence du danger. La crue avait augmenté de six pouces à vingt. Mais si l'on parvenait à boucher la voie d'eau, on pourrait vider la panse; une fois la barque étanchée, elle remonterait à sa flottaison normale, la fracture sortirait de l'eau, et, à sec, la réparation serait aisée, ou du moins possible. Gilliatt, nous l'avons dit, avait encore son outillage de charpentier en assez bon état.

Mais que d'incertitudes avant d'en venir là ! que de périls ! que de chances mauvaises ! Gilliatt entendait l'eau sourdre inexorablement. Une secousse, et tout sombrait. Quelle misère ! Peut-être n'était-il plus temps.

Gilliatt s'accusa amèrement. Il aurait dû voir tout de suite l'avarie. Les six pouces d'eau dans la cale auraient dû l'avertir. Il avait été stupide d'attribuer ces six pouces d'eau à la pluie et à l'écume. Il se reprocha d'avoir dormi, d'avoir mangé; il se reprocha presque la tempête et la nuit. Tout était de sa faute.

Ces duretés qu'il se disait à lui-même se mêlaient au va-et-vient de son travail et ne l'empêchaient pas d'aviser.

La voie d'eau était trouvée, c'était le premier pas; l'étouper était le second. On ne pouvait davantage pour l'instant. On ne fait point de menuiserie sous l'eau.

Une circonstance favorable, c'est que l'effraction de la coque avait eu lieu dans l'espace compris entre les deux chaînes qui assujettissaient à tribord la cheminée de la machine. L'étoupage pouvait se rattacher à ces chaînes.

L'eau cependant gagnait. La crue maintenant dépassait deux pieds.

Gilliatt avait de l'eau plus haut que les genoux.

VI

DE PROFUNDIS AD ALTUM

Gilliatt avait à sa disposition, dans la réserve du gréement de la panse, un assez grand prélart goudronné pourvu de longues aiguillettes à ses quatre coins.

Il prit ce prélart, en amarra deux coins par les aiguillettes aux deux anneaux des chaînes de la cheminée du côté de la voie d'eau, et jeta le prélart par-dessus le bord. Le prélart tomba comme une nappe entre la petite Douvre et la barque, et s'immergea dans le flot. La poussée de l'eau voulant entrer dans la cale l'appliqua contre la coque sur le trou. Plus l'eau pressait, plus le prélart adhérait. Il était collé par le flot lui-même sur la fracture. La plaie de la barque était pansée.

Cette toile goudronnée s'interposait entre l'intérieur de la cale et les lames du dehors. Il n'entrait plus une goutte d'eau.

La voie d'eau était masquée, mais n'était pas étoupée.

C'était un répit.

Gilliatt prit la pelle d'épuisement et se mit à vider la panse. Il était grand temps de l'alléger. Ce travail le réchauffa un peu, mais sa fatigue était extrême. Il était forcé de s'avouer qu'il n'irait pas jusqu'au bout et qu'il ne parviendrait point à étancher la cale. Gilliatt avait à peine mangé, et il avait l'humiliation de se sentir exténué.

Il mesurait les progrès de son travail à la baisse du niveau de l'eau à ses genoux. Cette baisse était lente.

En outre la voie d'eau n'était qu'interrompue. Le mal était pallié, non réparé. Le prélart, poussé dans la fracture par le flot, commençait à faire tumeur dans la cale. Cela ressemblait à un poing sous cette toile, s'efforçant de la crever. La toile, solide et goudronnée, résistait; mais le gonflement et la tension augmentaient, il n'était pas certain que la toile ne céderait pas, et d'un moment à l'autre la tumeur pouvait se fendre. L'irruption de l'eau recommencerait.

En pareil cas, les équipages en détresse le savent, il n'y a pas d'autre ressource qu'un tampon. On prend les chiffons de toute espèce qu'on trouve sous sa main, tout ce que dans la langue spéciale on appelle *fourrures*, et l'on refoule le plus qu'on peut dans la crevasse la tumeur du prélart.

De ces « fourrures », Gilliatt n'en avait point. Tout ce qu'il avait emmagasiné de lambeaux et d'étoupes avait été ou employé dans ses travaux, ou dispersé par la rafale.

A la rigueur, il eût pu en retrouver quelques restes en furetant dans les rochers. La panse était assez allégée pour qu'il pût s'absenter un quart d'heure ; mais comment faire cette perquisition sans lumière? L'obscurité était complète. Il n'y avait plus de lune ; rien que le sombre ciel étoilé. Gilliatt n'avait pas de filin sec pour faire une mèche, pas de suif pour faire une chandelle, pas de feu pour l'allumer, pas de lanterne pour l'abriter. Tout était confus et indistinct dans la barque et dans l'écueil. On entendait l'eau bruire autour de la coque blessée, on ne voyait même pas la crevasse ; c'est avec les mains que Gilliatt constatait la tension croissante du prélart. Impossible de faire en cette obscurité une recherche utile des haillons de toile et de funin épars dans les brisants. Comment glaner ces loques sans y voir clair ? Gilliatt considérait tristement la nuit. Toutes les étoiles, et pas une chandelle.

La masse liquide ayant diminué dans la barque, la pression extérieure augmentait. Le gonflement du prélart grossissait. Il ballonnait de plus en plus. C'était comme un abcès prêt à s'ouvrir. La situation, un moment améliorée, redevenait menaçante.

Un tampon était impérieusement nécessaire.

Gilliatt n'avait plus que ses vêtements.

Il les avait, on s'en souvient, mis à sécher sur les rochers saillants de la petite Douvre.

Il les alla ramasser et les déposa sur le rebord de la panse.

Il prit son suroît goudronné, et, s'agenouillant dans l'eau, il l'enfonça dans la crevasse, repoussant la tumeur du prélart au dehors, et par conséquent la vidant. Au suroit il ajouta la peau de mouton, à la peau de mouton la chemise de laine, à la chemise la vareuse. Tout y passa.

Il n'avait plus sur lui qu'un vêtement, il l'ôta, et avec son pantalon, il grossit et affermit l'étoupage. Le tampon était fait, et ne semblait pas insuffisant.

Ce tampon débordait au dehors la crevasse, avec le prélart pour enveloppe. Le flot, voulant entrer, pressait l'obstacle, l'élargissait utilement sur la fracture, et le consolidait. C'était une sorte de compresse extérieure.

A l'intérieur, le centre seul du gonflement ayant été refoulé, il restait tout autour de la crevasse et du tampon un bourrelet circulaire du prélart d'autant plus adhérent que les inégalités mêmes de la fracture le retenaient. La voie d'eau était aveuglée.

Mais rien n'était plus précaire. Ces reliefs aigus de la fracture qui fixaient le prélart pouvaient le percer, et par ces trous l'eau rentrerait. Gilliatt, dans l'obscurité, ne s'en apercevrait même pas. Il était peu probable que ce tampon durât jusqu'au jour. L'anxiété de Gilliatt changeait de forme, mais il la sentait croître en même temps qu'il sentait ses forces s'éteindre.

Il s'était remis à vider la cale, mais ses bras, à bout d'efforts, pouvaient à peine soulever la pelle pleine d'eau. Il était nu, et frissonnait.

Gilliatt sentait l'approche sinistre de l'extrémité.

Une chance possible lui traversa l'esprit. Peut-être y avait-il une voile au large. Un pêcheur qui serait par aventure de passage dans les eaux des Douvres pourrait lui venir en aide. Le moment était arrivé où un collaborateur était absolument nécessaire. Un homme et une lanterne, et tout pouvait être sauvé. A deux, on viderait aisément la cale; dès que la barque serait étanche, n'ayant plus cette surcharge de liquide, elle remonterait, elle reprendrait son niveau de flottaison, la crevasse sortirait de l'eau, le radoub serait exécutable, on pourrait immédiatement remplacer le tampon par une pièce de bordage, et l'appareil provisoire posé sur la fracture par une réparation définitive.

Sinon, il fallait attendre jusqu'au jour, attendre toute la nuit ! Retard funeste qui pouvait être la perdition. Gilliatt avait la fièvre de l'urgence. Si par hasard quelque fanal de navire était en vue, Gilliatt pourrait, du haut de la grande Douvre, faire des signaux. Le temps était calme, il n'y avait pas de vent, il n'y avait pas de mer, un homme s'agitant sur le fond étoilé du ciel avait possibilité d'être remarqué. Un capitaine de navire, et même un patron de barque, n'est pas la nuit dans les eaux des Douvres sans braquer la longue-vue sur l'écueil ; c'est de précaution.

Gilliatt espéra qu'on l'apercevrait.

Il escalada l'épave, empoigna la corde à nœuds, et monta sur la grande Douvre.

Pas une voile à l'horizon. Pas un fanal. L'eau à perte de vue était déserte.

Nulle assistance possible et nulle résistance possible.

Gilliatt, chose qu'il n'avait point éprouvée jusqu'à ce moment, se sentit désarmé.

La fatalité obscure était maintenant sa maîtresse. Lui, avec sa barque, avec la machine de la Durande, avec toute sa peine, avec toute sa réussite, avec tout son courage, il appartenait au gouffre. Il n'avait plus de ressource de lutte; il devenait passif. Comment empêcher le flux de venir, l'eau de monter, la nuit de continuer ? Ce tampon était son unique point d'appui. Gilliatt s'était épuisé et dépouillé à le composer et à le compléter ; il ne pouvait plus ni le fortifier, ni l'affermir ; le tampon était tel quel, il devait rester ainsi, et fatalement tout effort était fini. La mer avait à sa discrétion cet appareil hâtif appliqué sur la voie d'eau. Comment se comporterait cet obstacle inerte? C'était lui maintenant qui combattait, ce n'était plus Gilliatt. C'était ce chiffon, ce n'était plus cet esprit. Le gonflement d'un flot suffisait pour déboucher la fracture. Plus ou moins de pression ; toute la question était là.

Tout allait se dénouer par une lutte machinale entre deux quantités mécaniques. Gilliatt ne pouvait désormais ni aider l'auxiliaire, ni arrêter l'ennemi. Il n'était plus que le spectateur de sa vie ou de sa mort. Ce Gilliatt, qui avait été une providence, était, à la minute suprême, remplacé par une résistance inconsciente.

Aucune des épreuves et des épouvantes que

Gilliatt avait traversées n'approchait de celle-ci.

En arrivant dans l'écueil Douvres, il s'était vu entouré et comme saisi par la solitude. Cette solitude faisait plus que l'environner, elle l'enveloppait. Mille menaces à la fois lui avaient montré le poing. Le vent était là, prêt à souffler; la mer était là, prête à rugir. Impossible de bâillonner cette bouche, le vent; impossible d'édenter cette gueule, la mer. Et pourtant, il avait lutté; homme, il avait combattu corps à corps l'océan ; il s'était colleté avec la tempête.

Il avait tenu tête à d'autres anxiétés et à d'autres nécessités encore. Il avait eu affaire à toutes les détresses. Il lui avait fallu sans outils faire des travaux, sans aide remuer des fardeaux, sans science résoudre des problèmes, sans provisions boire et manger, sans lit et sans toit dormir.

Sur cet écueil, chevalet tragique, il avait été tour à tour mis à la question par les diverses fatalités tortionnaires de la nature, mère quand bon lui semble, bourreau quand il lui plaît.

Il avait vaincu l'isolement, vaincu la faim, vaincu la soif, vaincu le froid, vaincu la fièvre, vaincu le travail, vaincu le sommeil. Il avait rencontré pour lui barrer le passage les obstacles coalisés. Après le dénûment, l'élément; après la marée, la tourmente; après la tempête, la pieuvre; après le monstre, le spectre.

Lugubre ironie finale. Dans cet écueil d'où Gilliatt avait compté sortir triomphant, Clubin mort venait de le regarder en riant.

Le ricanement du spectre avait raison. Gilliatt se voyait perdu. Gilliatt se voyait aussi mort que Clubin.

L'hiver, la famine, la fatigue, l'épave à dépecer, la machine à transborder, les coups d'équinoxe, le vent, le tonnerre, la pieuvre, tout cela n'était rien près de la voie d'eau. On pouvait avoir, et Gilliatt avait eu, contre le froid le feu, contre la faim les coquillages du rocher, contre la soif la pluie, contre les difficultés du sauvetage l'industrie et l'énergie, contre la marée et l'orage le brise-lames, contre la pieuvre le couteau. Contre la voie d'eau, rien.

L'ouragan lui laissait cet adieu sinistre. Dernière reprise, estocade traître, attaque sournoise du vaincu au vainqueur. La tempête en fuite lançait cette flèche derrière elle. La déroute se retournait et frappait. C'était le coup de jarnac de l'abîme.

On combat la tempête ; mais comment combattre un suintement ?

Si le tampon cédait, si la voie d'eau se rouvrait, rien ne pouvait faire que la panse ne sombrât point. C'était la ligature de l'artère qui se dénoue. Et une fois la panse au fond de l'eau, avec cette surcharge, la machine, nul moyen de l'en tirer. Ce magnanime effort de deux mois titaniques aboutissait à un anéantissement. Recommencer était impossible. Gilliatt n'avait plus ni forge, ni matériaux. Peut-être, au point du jour, allait-il voir toute son œuvre s'enfoncer lentement et irrémédiablement dans le gouffre.

Chose effrayante, sentir sous soi la force sombre.

Le gouffre le tirait à lui.

Sa barque engloutie, il n'aurait plus qu'à mourir de faim et de froid, comme l'autre, le naufragé du rocher l'Homme.

Pendant deux longs mois, les consciences et les providences qui sont dans l'invisible avaient assisté à ceci : d'un côté les étendues, les vagues, les vents, les éclairs, les météores ; de l'autre, un homme ; d'un côté la mer, de l'autre une âme; d'un côté l'infini, de l'autre un atome.

Et il y avait eu bataille.

Et voilà que peut-être ce prodige avortait.

Ainsi aboutissait à l'impuissance cet héroïsme inouï, ainsi s'achevait par le désespoir ce formidable combat accepté, cette lutte de Rien contre Tout, cette Iliade à un.

Gilliatt éperdu regardait l'espace.

Il n'avait même plus un vêtement. Il était nu devant l'immensité.

Alors, dans l'accablement de toute cette énormité inconnue, ne sachant plus ce qu'on lui voulait, se confrontant avec l'ombre, en présence de cette obscurité irréductible, dans la rumeur des eaux, des lames, des flots, des houles, des écumes, des rafales, sous les nuées, sous les souffles, sous la vaste force éparse, sous ce mystérieux firmament des ailes, des astres et des tombes, sous l'intention possible mêlée à ces choses démesurées, ayant autour de lui et au-dessous de lui l'océan, et au-dessus de lui les constellations, sous l'insondable, il s'affaissa, il renonça, il se coucha tout de son long le dos sur la roche, la face aux étoiles, vaincu, et, joignant les mains devant la profondeur terrible, il cria dans l'infini : Grâce !

Terrassé par l'immensité, il la pria.

Il était là, seul dans cette nuit sur ce rocher au milieu de cette mer, tombé d'épuisement, ressemblant à un foudroyé, nu comme le gladiateur dans le cirque, seulement au lieu de cirque ayant l'abîme, au lieu de bêtes féroces les ténèbres, au lieu des yeux du peuple le regard de l'inconnu, au lieu des vestales les étoiles, au lieu de César, Dieu.

Il lui sembla qu'il se sentait se dissoudre dans le froid, dans la fatigue, dans l'impuissance, dans la prière, dans l'ombre, et ses yeux se fermèrent.

VII

IL Y A UNE OREILLE DANS L'INCONNU

Quelques heures s'écoulèrent.

Le soleil se leva, éblouissant.

Son premier rayon éclaira sur le plateau de la grande Douvre une forme immobile. C'était Gilliatt.

Il était toujours étendu sur le rocher.

Cette nudité glacée et roidie n'avait plus un frisson. Les paupières closes étaient blêmes. Il eût été difficile de dire si ce n'était pas un cadavre.

Le soleil paraissait le regarder.

Si cet homme nu n'était pas mort, il en était si près qu'il suffisait du moindre vent froid pour l'achever.

Le vent se mit à souffler, tiède et vivifiant ; la printanière haleine de mai.

Cependant le soleil montait dans le profond ciel bleu ; son rayon moiré horizontal s'empourpra. Sa lumière devint chaleur. Elle enveloppa Gilliatt.

Gilliatt ne bougeait pas. S'il respirait, c'était de cette respiration prête à s'éteindre qui ternirait à peine un miroir.

Le soleil continua son ascension, de moins en moins oblique sur Gilliatt. Le vent, qui n'avait été d'abord que tiède, était maintenant chaud.

Ce corps rigide et nu demeurait toujours sans mouvement ; pourtant la peau semblait moins livide.

Le soleil, approchant du zénith, tomba à plomb sur le plateau de la Douvre. Une prodigalité de lumière se versa du haut du ciel ; la vaste réverbération de la mer sereine s'y joignit; le rocher commença à tiédir, et réchauffa l'homme.

Un soupir souleva la poitrine de Gilliatt.

Il vivait.

Le soleil continua ses caresses, presque ardentes. Le vent, qui était déjà le vent de midi et le vent d'été, s'approcha de Gilliatt comme une bouche, soufflant mollement.

Gilliatt remua.

L'apaisement de la mer était inexprimable. Elle avait un murmure de nourrice près de son enfant. Les vagues paraissaient bercer l'écueil.

Les oiseaux de mer, qui connaissaient Gilliatt, volaient au-dessus de lui, inquiets. Ce n'était plus leur ancienne inquiétude sauvage. C'était on ne sait quoi de tendre et de fraternel. Ils poussaient de petits cris. Ils avaient l'air de l'appeler. Une mouette, qui l'aimait sans doute, eut la familiarité de venir tout près de lui. Elle se mit à lui parler. Il ne semblait pas entendre. Elle sauta sur son épaule et lui becqueta les lèvres doucement.

Gilliatt ouvrit les yeux.

Les oiseaux, contents et farouches, s'envolèrent.

Gilliatt se dressa debout, s'étira comme le lion réveillé, courut au bord de la plate-forme, et regarda sous lui dans l'entre-deux des Douvres.

La panse était là, intacte. Le tampon s'était maintenu; la mer probablement l'avait peu rudoyé.

Tout était sauvé.

Gilliatt n'était plus las. Ses forces étaient réparées. Cet évanouissement avait été un sommeil.

Il vida la panse, mit la cale à sec et l'avarie hors de la flottaison, se rhabilla, but, mangea, fut joyeux.

La voie d'eau, examinée au jour, demandait plus de travail que Gilliatt n'aurait cru. C'était une assez grave avarie. Gilliatt n'eut pas trop de toute la journée pour la réparer.

Le lendemain, à l'aube, après avoir défait le barrage et rouvert l'issue du défilé, vêtu de ses haillons qui avaient eu raison de la voie d'eau, ayant sur lui la ceinture de Clubin et les soixante-quinze mille francs, debout dans la panse radoubée à côté de la machine sauvée, par un bon vent, par une mer admirable, Gilliatt sortit de l'écueil Douvres.

Il mit le cap sur Guernesey.

Au moment où il s'éloigna de l'écueil, quelqu'un qui eût été là l'eût entendu chanter à demi-voix l'air *Bonny Dundee.*

TROISIÈME PARTIE

DÉRUCHETTE

LIVRE PREMIER

NUIT ET LUNE

I

LA CLOCHE DU PORT

Le Saint-Sampson d'aujourd'hui est presque une ville; le Saint-Sampson d'il y a quarante ans était presque un village.

Le printemps venu et les veillées d'hiver finies, on y faisait les soirées courtes, on se mettait au lit dès la nuit tombée. Saint-Sampson était une ancienne paroisse de couvre-feu ayant conservé l'habitude de souffler de bonne heure sa chandelle. On s'y couchait et on s'y levait avec le jour. Ces vieux villages normands sont volontiers poulaillers.

Disons en outre que Saint-Sampson, à part quelques riches familles bourgeoises, est une population de carriers et de charpentiers. Le port est un port de radoub. Tout le jour on extrait des pierres ou l'on façonne des madriers; ici le pic, là le marteau. Maniement perpétuel du bois de chêne et du granit. Le soir on tombe de fatigue et l'on dort comme des plombs. Les durs travaux font les durs sommeils.

Un soir du commencement de mai, après avoir, pendant quelques instants, regardé le croissant de la lune dans les arbres et écouté le pas de Déruchette se promenant seule, au frais de la nuit, dans le jardin des Bravées, mess Lethierry était rentré dans sa chambre située sur le port et s'était couché. Douce et Grâce étaient au lit. Excepté Déruchette, tout dormait dans la maison. Tout dormait aussi dans Saint-Sampson. Portes et volets étaient partout fermés. Aucune allée et venue dans les rues. Quelques rares lumières, pareilles à des clignements d'yeux qui vont s'éteindre, rougissaient çà et là des lucarnes sur les toits, annonce du coucher des domestiques. Il y avait un certain temps déjà que neuf heures avaient sonné au vieux clocher roman couvert de lierre qui partage avec l'église de Saint-Brelade de Jersey la bizarrerie d'avoir pour date quatre un : IIII; ce qui signifie *onze cent onze.*

La popularité de mess Lethierry à Saint-Sampson tenait à son succès. Le succès ôté, le vide s'était fait. Il faut croire que le guignon se gagne et que les gens point heureux ont la peste, tant est rapide : . 'se en quarantaine. Les jolis fils de famille évitaient Déruchette. L'isolement autour des Bravées était maintenant tel qu'on n'y avait pas même su le petit grand événement local qui avait ce jour-là mis tout Saint-Sampson en rumeur. Le recteur de la paroisse, le révérend Joë Ebenezer Caudray, était riche. Son oncle, le magnifique doyen de Saint-Asaph, venait de mourir à Londres. La nouvelle en avait été apportée par le sloop de poste *Cashmere* arrivé d'Angleterre le matin même, et dont on apercevait le mât dans la rade de Saint-Pierre-Port. Le *Cashmere* devait repartir pour Southampton le lendemain à midi, et, disait-on, emmener le révérend recteur, rappelé en Angleterre à bref délai pour l'ouverture officielle du testament, sans compter les autres urgences d'une grande succession à recueillir. Toute la journée, Saint-Sampson avait confusément dialogué. Le *Cashmere*, le révérend Ebenezer, son oncle mort, sa richesse, son départ, ses promotions possibles dans l'avenir, avaient fait le fond du bourdonnement. Une seule maison, point informée, était restée silencieuse, les Bravées.

Mess Lethierry s'était jeté sur son branle, tout habillé.

Depuis la catastrophe de la Durande, se jeter sur son branle, c'était sa ressource. S'étendre sur son grabat, c'est à quoi tout prisonnier a recours, et mess Lethierry était le prisonnier du chagrin. Il se couchait; c'était une trêve, une reprise d'haleine, une suspension d'idées. Dormait-il? non. Veillait-il? non. A proprement parler, depuis deux mois et demi, — il y avait deux mois et demi de cela, — mess Lethierry était comme en somnambulisme. Il ne s'était pas encore ressaisi lui-même. Il était dans cet état mixte et diffus que connais-

sent ceux qui ont subi les grands accablements.
Ses réflexions n'étaient pas de la pensée, son sommeil n'était pas du repos. Le jour il n'était pas un homme éveillé, la nuit il n'était pas un homme endormi. Il était debout, puis il était couché, voilà tout. Quand il était dans son branle, l'oubli lui venait un peu, il appelait cela dormir, les chimères flottaient sur lui et en lui, le nuage nocturne, plein de faces confuses, traversait son cerveau, l'empereur Napoléon lui dictait ses mémoires, il y avait plusieurs Déruchettes, des oiseaux bizarres étaient dans des arbres, les rues de Lons-le-Saulnier devenaient des serpents. Le cauchemar était le répit du désespoir. Il passait ses nuits à rêver, et ses jours à songer.

Il restait quelquefois toute une après-midi, immobile à la fenêtre de sa chambre qui donnait, on s'en souvient, sur le port, la tête basse, les coudes sur la pierre, les oreilles dans ses poings, le dos tourné au monde entier, l'œil fixé sur le vieil anneau de fer scellé dans le mur de sa maison à quelques pieds de sa fenêtre, où jadis on amarrait la Durande. Il regardait la rouille qui venait à cet anneau.

Mess Lethierry était réduit à la fonction machinale de vivre.

Les plus vaillants hommes, privés de leur idée réalisable, en arrivent là. C'est l'effet des existences vidées. La vie est le voyage, l'idée est l'itinéraire. Plus d'itinéraire, on s'arrête. Le but est perdu, la force est morte. Le sort a un obscur pouvoir discrétionnaire. Il peut toucher de sa verge même notre être moral. Le désespoir, c'est presque la destitution de l'âme. Les très-grands esprits seuls résistent. Et encore.

Mess Lethierry méditait continuellement, si l'absorption peut s'appeler méditation, au fond d'une sorte de précipice trouble. Il lui échappait des paroles navrées comme celle-ci : — Il ne me reste plus qu'à demander là-haut mon billet de sortie.

Notons une contradiction dans cette nature, complexe comme la mer dont Lethierry était, pour ainsi dire, le produit : mess Lethierry ne priait point.

Être impuissant, c'est une force. En présence de nos deux grandes cécités, la destinée et la nature, c'est dans son impuissance que l'homme a trouvé le point d'appui, la prière.

L'homme se fait secourir par l'effroi ; il demande aide à sa crainte ; l'anxiété, c'est un conseil d'agenouillement.

La prière, énorme force propre à l'âme et de même espèce que le mystère. La prière s'adresse à la magnanimité des ténèbres ; la prière regarde le mystère avec les yeux mêmes de l'ombre, et, devant la fixité puissante de ce regard suppliant, on sent un désarmement possible de l'Inconnu.

Cette possibilité entrevue est déjà une consolation.

Mais Lethierry ne priait pas.

Du temps qu'il était heureux, Dieu existait pour lui, on pourrait dire en chair et en os ; Lethierry lui parlait, lui engageait sa parole, lui donnait presque de temps en temps une poignée de main. Mais dans le malheur de Lethierry, phénomène du reste assez fréquent, Dieu s'était éclipsé. Cela arrive quand on s'est fait un bon Dieu qui est un bonhomme.

Il n'y avait pour Lethierry, dans l'état d'âme où il était, qu'une vision nette, le sourire de Déruchette. Hors de ce sourire, tout était noir.

Depuis quelque temps, sans doute à cause de

la perte de la Durande, dont elle ressentait le
contre-coup, ce charmant sourire de Déruchette
était plus rare. Elle paraissait préoccupée. Ses
gentillesses d'oiseau et d'enfant s'étaient éteintes.
On ne la voyait plus le matin, au coup de canon
du point du jour, faire une révérence et dire au
soleil levant : « bum !... jour. Donnez-vous la
peine d'entrer ». Elle avait par moments l'air très-
sérieux, chose triste dans ce doux être. Elle faisait effort cependant pour rire à mess Lethierry,
et pour le distraire, mais sa gaieté se ternissait de
jour en jour et se couvrait de poussière, comme
l'aile d'un papillon qui a une épingle à travers le
corps. Ajoutons que, soit par chagrin du chagrin
de son oncle, car il y a des douleurs de reflet,
soit pour d'autres raisons, elle semblait maintenant incliner beaucoup vers la religion. Du temps
de l'ancien recteur M. Jaquemin Hérode, elle n'allait guère, on le sait, que quatre fois l'an à l'é-
glise. Elle y était à présent fort assidue. Elle ne
manquait aucun office, ni du dimanche, ni du
jeudi. Les âmes pieuses de la paroisse voyaient
avec satisfaction cet amendement. Car c'est un
grand bonheur qu'une jeune fille, qui court tant

de dangers du côté des hommes, se tourne vers Dieu.

Cela fait du moins que les pauvres parents ont l'esprit en repos du côté des amourettes.

Le soir, toutes les fois que le temps le permettait, elle se promenait une heure ou deux dans le jardin des Bravées. Elle était là, presque aussi pensive que mess Lethierry, et toujours seule. Déruchette se couchait la dernière. Ce qui n'empêchait point Douce et Grâce d'avoir toujours un peu l'œil sur elle, par cet instinct de guet qui se mêle à la domesticité ; espionner désennuie de servir.

Quant à mess Lethierry, dans l'état voilé où était son esprit, ces petites altérations dans les habitudes de Déruchette lui échappaient. D'ailleurs, il n'était pas né duègne. Il ne remarquait même pas l'exactitude de Déruchette aux offices de la paroisse. Tenace dans son préjugé contre les choses et les gens du clergé, il eût vu sans plaisir ces fréquentations d'église.

Ce n'est pas que sa situation morale à lui-même ne fût en train de se modifier. Le chagrin est nuage et change de forme.

Les âmes robustes, nous venons de le dire, sont parfois, par de certains coups de malheur, destituées presque, non tout à fait. Les caractères virils, tels que Lethierry, réagissent dans un temps donné. Le désespoir a des degrés remontants. De l'accablement on monte à l'abattement, de l'abattement à l'affliction, de l'affliction à la mélancolie. La mélancolie est un crépuscule. La souffrance s'y fond dans une sombre joie.

La mélancolie, c'est le bonheur d'être triste.

Ces atténuations élégiaques n'étaient point faites pour Lethierry ; ni la nature de son tempérament, ni le genre de son malheur, ne comportaient ces nuances. Seulement, au moment où nous venons de le retrouver, la rêverie de son premier désespoir tendait, depuis une semaine environ, à se dissiper ; sans être moins triste, Lethierry était moins inerte ; il était toujours sombre, mais il n'était plus morne ; il lui revenait une certaine perception des faits et des événements ; et il commençait à éprouver quelque chose de ce phénomène qu'on pourrait appeler la rentrée dans la réalité.

Ainsi le jour, dans la salle basse, il n'écoutait

pas les paroles des gens, mais il les entendait. Grâce vint un matin toute triomphante dire à Déruchette que mess Lethierry avait défait la bande d'un journal.

Cette demi-acceptation de la réalité est, en soi, un bon symptôme. C'est la convalescence. Les grands malheurs sont un étourdissement. On en sort par là. Mais cette amélioration fait d'abord l'effet d'une aggravation. L'état de rêve antérieur émoussait la douleur ; on voyait trouble, on sentait peu ; à présent la vue est nette, on n'échappe à rien, on saigne de tout. La plaie s'avive. La douleur s'accentue de tous les détails qu'on aperçoit. On revoit tout dans le souvenir. Tout retrouver, c'est tout regretter. Il y a dans ce retour au réel toutes sortes d'arrière-goûts amers. On est mieux, et pire. C'est ce qu'éprouvait Lethierry. Il souffrait plus distinctement.

Ce qui avait ramené mess Lethierry au sentiment de la réalité, c'était une secousse.

Disons cette secousse.

Une après-midi, vers le 15 ou le 20 avril, on avait entendu à la porte de la salle basse des Bravées les deux coups qui annoncent le facteur.

Douce avait ouvert. C'était une lettre en effet.

Cette lettre venait de la mer. Elle était adressée à mess Lethierry. Elle était timbrée *Lisboa*.

Douce avait porté la lettre à mess Lethierry qui était enfermé dans sa chambre. Il avait pris cette lettre, l'avait machinalement posée sur sa table, et ne l'avait pas regardée.

Cette lettre resta une bonne semaine sur la table sans être décachetée.

Il arriva pourtant qu'un matin Douce dit à mess Lethierry :

— Monsieur, faut-il ôter la poussière qu'il y a sur votre lettre ?

Lethierry parut se réveiller.

— C'est juste, dit-il.

Et il ouvrit la lettre.

Il lut ceci :

« En mer, ce 10 mars.

« Mess Lethierry, de Saint-Sampson,

« Vous recevrez de mes nouvelles avec plaisir.

« Je suis sur le *Tamaulipas*, en route pour Pasrevenir. Il y a dans l'équipage un matelot Ahier-Tostevin, de Guernesey, qui reviendra, lui, et qui aura des choses à raconter. Je profite de la rencontre du navire *Hernan Cortez* allant à Lisbonne pour vous faire passer cette lettre.

« Soyez étonné. Je suis honnête homme.

« Aussi honnête que sieur Clubin.

« Je dois croire que vous savez la chose qui est arrivée ; pourtant il n'est peut-être pas de trop que je vous l'apprenne.

« La voici :

« Je vous ai rendu vos capitaux.

« Je vous avais emprunté, un peu incorrectement, cinquante mille francs. Avant de quitter Saint-Malo, j'ai remis pour vous à votre homme de confiance, sieur Clubin, trois bank-notes de mille livres chaque, ce qui fait soixante-quinze mille francs. Vous trouverez sans doute ce remboursement suffisant.

« Sieur Clubin a pris vos intérêts et reçu votre argent avec énergie. Il m'a paru très-zélé ; c'est pourquoi je vous avertis.

« Votre autre homme de confiance,

« RANTAINE.

« *Post-scriptum.* Sieur Clubin avait un revolver, ce qui fait que je n'ai pas de reçu. »

Touchez une torpille, touchez une bouteille de Leyde chargée, vous ressentirez ce qu'éprouva mess Lethierry en lisant cette lettre.

Sous cette enveloppe, dans cette feuille de papier pliée en quatre à laquelle il avait au premier moment fait si peu attention, il y avait une commotion.

Il reconnut cette écriture, il reconnut cette signature. Quant au fait, tout d'abord il n'y comprit rien.

Commotion telle qu'elle lui remit, pour ainsi dire, l'esprit sur pied.

Le phénomène des soixante-quinze mille francs confiés par Rantaine à Clubin, étant une énigme, était le côté utile de la secousse, en ce qu'il forçait le cerveau de Lethierry à travailler. Faire une conjecture, c'est pour la pensée une occupation saine. Le raisonnement est éveillé, la logique est appelée.

Depuis quelque temps l'opinion publique de Guernesey était occupée à rejuger Clubin, cet honnête homme pendant tant d'années si unanimement admis dans la circulation de l'estime. On s'interrogeait, on se prenait à douter, il y avait des paris pour et contre. Des lumières singulières s'étaient produites. Clubin commençait à s'éclairer, c'est-à-dire qu'il devenait noir.

Une information judiciaire avait eu lieu à Saint-Malo pour savoir ce qu'était devenu le garde-côte 619. La perspicacité légale avait fait fausse route, ce qui lui arrive souvent. Elle était partie de cette supposition que le garde-côte avait dû être embauché par Zuela et embarqué sur le *Tamaulipas* pour le Chili. Cette hypothèse ingénieuse avait entraîné force aberrations. La myopie de la justice n'avait pas même aperçu Rantaine. Mais, chemin faisant, les magistrats instructeurs avaient levé d'autres pistes. L'obscure affaire s'était compliquée. Clubin avait fait son entrée dans l'énigme. Il s'était établi une coïncidence, un rapport peut-être, entre le départ du *Tamaulipas* et la perte de la Durande. Au cabaret de la porte Dinan où Clubin croyait n'être pas connu, on l'avait reconnu ; le cabaretier avait parlé ; Clubin avait acheté une bouteille d'eau-de-vie. Pour qui ? L'armurier de la rue Saint-Vincent avait parlé ; Clubin avait acheté un revolver. Contre qui ? L'aubergiste de l'Auberge Jean avait parlé ; Clubin avait eu des absences inexplicables. Le capitaine Gertrais-Gaboureau avait parlé ; Clubin avait voulu partir, quoique averti, et sachant qu'il allait chercher le brouillard. L'équipage de la Durande avait parlé ; au fait, le chargement était manqué et l'arrimage était mal fait, négligence aisée à comprendre, si le capitaine veut perdre le navire. Le passager guernesiais avait parlé ; Clubin avait cru naufrager sur les Hanois. Les gens de Torteval avaient parlé ; Clubin y était venu quelques jours avant la perte de la Durande, et avait dirigé sa promenade vers Plainmont voisin des Hanois. Il portait un sac-valise. « Il était parti avec, et revenu sans ». Les déniquoiseaux avaient parlé ; leur histoire avait paru pouvoir se rattacher à la disparition de Clubin, à la seule condition d'y remplacer les revenants par des contrebandiers. Enfin la maison visionnée de Plainmont elle-même avait parlé ; des gens décidés à se renseigner l'avaient escaladée, et avaient trouvé dedans, quoi ? précisément le sac-valise de Clubin. La Douzaine de Torteval avait saisi le sac, et l'avait fait ouvrir. Il contenait des provisions de bouche, une longue-vue, un chronomètre, des vêtements d'homme et du linge marqué aux initiales de Clubin. Tout cela, dans les propos de Saint-Malo et de Guernesey, se construisait, et finissait par faire un à peu près de baraterie. On rapprochait des linéaments confus; on constatait un dédain singulier des avis, une acceptation des chances de brouillard, une négligence suspecte dans l'arrimage, une bouteille d'eau-de-vie, un timonier ivre, une substitution du capitaine au timonier, un coup de barre au moins bien maladroit. L'héroïsme à demeurer sur l'épave devenait coquinerie. Clubin du reste s'était trompé d'écueil. L'intention de baraterie admise, on comprenait le choix des Hanois, la côte aisément gagnée à la nage, un séjour dans la maison visionnée en attendant l'occasion de fuir. Le sac-valise, cet en-cas, achevait la démonstration. Par quel lien cette aventure se rattachait-elle à l'autre aventure, celle du garde-côte, on ne le saisissait point. On devinait une corrélation; rien de plus. On entrevoyait, du côté de cet homme, le garde-marine numéro 619, tout un drame tragique. Clubin peut-être n'y jouait pas, mais on l'apercevait dans la coulisse.

Tout ne s'expliquait point par la baraterie. Il y

avait un revolver sans emploi. Ce revolver était probablement de l'autre affaire.

Le flair du peuple est fin et juste. L'instinct public excelle dans ces restaurations de la vérité faites de pièces et de morceaux. Seulement, dans ces faits d'où se dégageait une baraterie vraisemblable, il y avait de sérieuses incertitudes.

Tout se tenait, tout concordait; mais la base manquait.

On ne perd pas un navire pour le plaisir de le perdre. On ne court point tous ces risques de brouillard, d'écueil, de nage, de refuge et de fuite, sans un intérêt. Quel avait pu être l'intérêt de Clubin?

On voyait son acte, on ne voyait pas son motif.

De là un doute dans beaucoup d'esprits. Où il n'y a point de motif, il semble qu'il n'y ait plus d'acte.

La lacune était grave.

Cette lacune, la lettre de Rantaine venait la combler.

Cette lettre donnait le motif de Clubin. Soixante-quinze mille francs à voler.

Rantaine était le Dieu dans la machine. Il

descendait du nuage une chandelle à la main.

Sa lettre était le coup de clarté final.

Elle expliquait tout, et surabondamment elle annonçait un témoignage, Ahier-Tostevin.

Chose décisive, elle donnait l'emploi du revolver. Rantaine était incontestablement tout à fait informé. Sa lettre faisait toucher tout du doigt.

Aucune atténuation possible à la scélératesse de Clubin. Il avait prémédité le naufrage, et la preuve, c'était l'en-cas apporté dans la maison visionnée. Et en le supposant innocent, en admettant le naufrage fortuit, n'eût-il pas dû, au dernier moment, décidé à son sacrifice sur l'épave, remettre les soixante-quinze mille francs pour mess Lethierry aux hommes qui se sauvaient dans la chaloupe? L'évidence éclatait. Maintenant qu'était devenu Clubin? Il avait probablement été victime de sa méprise. Il avait sans doute péri dans l'écueil Douvres.

Cet échafaudage de conjectures, très-conformes, on le voit, à la réalité, occupa pendant plusieurs jours l'esprit de mess Lethierry. La lettre de Rantaine lui rendit ce service de le forcer à penser. Il eut un premier ébranlement de surprise, puis il fit cet effort de se mettre à réfléchir. Il fit l'autre effort plus difficile encore de s'informer. Il dut accepter et même chercher des conversations. Au bout de huit jours, il était redevenu, jusqu'à un certain point, pratique ; son esprit avait repris de l'adhérence, et était presque guéri. Il était sorti de l'état trouble.

La lettre de Rantaine, en admettant que mess Lethierry eût pu jamais entretenir quelque espoir de remboursement de ce côté-là, fit évanouir sa dernière chance.

Elle ajouta à la catastrophe de la Durande ce nouveau naufrage de soixante-quinze mille francs. Elle le remit en possession de cet argent juste assez pour lui en faire sentir la perte. Cette lettre lui montra le fond de sa ruine.

De là une souffrance nouvelle, et très-aiguë, que nous avons indiquée tout à l'heure. Il commença, chose qu'il n'avait point faite depuis deux mois, à se préoccuper de sa maison, de ce qu'elle allait nir, de ce qu'il faudrait réformer. Petit ennui à mille pointes, presque pire que le désespoir. Subir son malheur par le menu, disputer pied à pied au fait accompli le terrain qu'il vient vous prendre, c'est odieux. Le bloc du malheur s'accepte, non sa poussière. L'ensemble accablait, le détail torture. Tout à l'heure la catastrophe vous foudroyait, maintenant elle vous chicane.

C'est l'humiliation aggravant l'écrasement. C'est une deuxième annulation s'ajoutant à la première, et laide. Après le linceul, c'est le haillon.

Songer à décroître. Il n'est pas de pensée plus triste.

Être ruiné, cela semble simple. Coup violent; brutalité du sort; c'est la catastrophe une fois pour toutes. Soit. On l'accepte. Tout est fini. On est ruiné. C'est bon, on est mort. Point. On est vivant. Dès le lendemain, on s'en aperçoit. A quoi? A des piqûres d'épingle. Tel passant ne vous salue plus, les factures des marchands pleuvent, voilà un de vos ennemis qui rit. Peut-être rit-il du dernier calembour d'Arnal, mais c'est égal, ce calembour ne lui semble si charmant que parce que vous êtes ruiné. Vous lisez votre amoindrissement même dans les regards indifférents; les gens qui dînaient chez vous trouvent que c'était trop de trois plats à votre table; vos défauts sautent aux yeux de tout le monde; les ingratitudes, n'attendant plus rien, s'affichent; tous les imbéciles ont prévu ce qui vous arrive; les méchants vous déchirent, les pires vous plaignent. Et puis cent détails mesquins. La nausée succède aux larmes. Vous buviez du vin, vous boirez du cidre. Deux servantes! C'est déjà trop d'une. Il faudra congédier celle-ci et surcharger celle-là. Il y a trop de fleurs dans le jardin; on plantera des pommes de terre. On donnait ses fruits à ses amis, on les fera vendre au marché. Quant aux pauvres, il n'y faut plus songer; n'est-on pas un pauvre soi-même? Les toilettes, question poignante. Retrancher un ruban à une femme, quel supplice! A qui vous donne la beauté, refuser la parure! Avoir l'air d'un avare! Elle va peut-être vous dire: — Quoi, vous avez ôté les fleurs de mon jardin, et voilà que vous les ôtez de mon chapeau! — Hélas! la condamner aux robes fanées! La table de famille est silencieuse. Vous vous figurez qu'autour de vous on vous en veut. Les visages aimés sont soucieux. Voilà ce que c'est que décroître. Il faut remourir tous les jours. Tomber, ce n'est rien, c'est la fournaise. Décroître, c'est le petit feu.

L'écroulement, c'est Waterloo; la diminution,

c'est Sainte-Hélène. Le sort, incarné en Wellington, a encore quelque dignité; mais quand il se fait Hudson Lowe, quelle vilenie! Le destin devient un pleutre. On voit l'homme de Campo-Formio querellant pour une paire de bas de soie. Rapetissement de Napoléon qui rapetisse l'Angleterre.

Ces deux phases, Waterloo et Sainte-Hélène, réduites aux proportions bourgeoises, tout homme ruiné les traverse.

Le soir que nous avons dit, et qui était un des premiers soirs de mai, Lethierry, laissant Déruchette errer au clair de lune dans le jardin, s'était couché plus triste que jamais.

Tous ces détails chétifs et déplaisants, complications des fortunes perdues, toutes ces préoccupations du troisième ordre, qui commencent par être insipides et qui finissent par être lugubres, roulaient dans son esprit. Maussade encombrement de misères. Mess Lethierry sentait sa chute irrémédiable. Qu'allait-on faire? Qu'allait-on devenir? Quels sacrifices faudrait-il imposer à Déruchette? Qui renvoyer, de Douce ou de Grâce? Vendrait-on les Bravées? N'en serait-on pas réduit à quitter l'île? N'être rien là où l'on a été tout, déchéance insupportable en effet.

Et dire que c'était fini ! Se rappeler ces traversées liant la France à l'Archipel, ces mardis du départ, ces vendredis du retour, la foule sur le quai, ces grands chargements, cette industrie, cette prospérité, cette navigation directe et fière, cette machine où l'homme met sa volonté, cette chaudière toute-puissante, cette fumée, cette réalité ! Le navire à vapeur, c'est la boussole complétée ; la boussole indique le droit chemin, la vapeur le suit. L'une propose, l'autre exécute. Où était-elle, sa Durande, cette magnifique et souveraine Durande, cette maîtresse de la mer, cette reine qui le faisait roi ! Avoir été dans son pays l'homme idée, l'homme succès, l'homme révolution ! y renoncer ! abdiquer ! N'être plus ! faire rire ! Être un sac où il y a eu quelque chose ! Être le passé quand on a été l'avenir ! aboutir à la pitié hautaine des idiots ! voir triompher la routine, l'entêtement, l'ornière, l'égoïsme, l'ignorance ! voir recommencer bêtement les va-et-vient des coutres gothiques cahotés sur le flot ! voir la vieillerie rajeunir ! avoir perdu toute sa vie ! avoir été

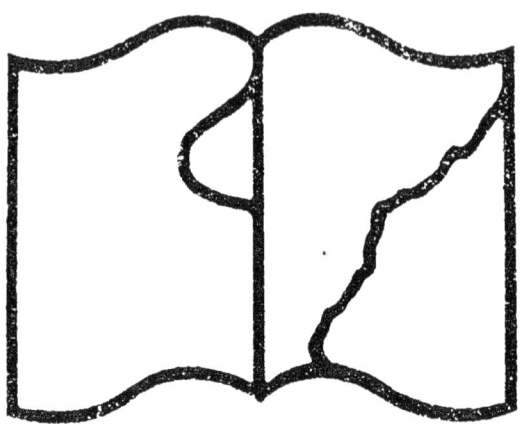

Texte détérioré — reliure défectueuse
NF Z 43-120-11

la lumière et subir l'éclipse! Ah! comme c'était beau sur les vagues cette cheminée altière, ce prodigieux cylindre, ce pilier au chapiteau de fumée, cette colonne plus grande que la colonne Vendôme, car sur l'une il n'y a qu'un homme, sur l'autre il y a le progrès! L'océan était dessous. C'était la certitude en pleine mer. On avait vu cela dans cette petite île, dans ce petit port, dans ce petit Saint-Sampson? Oui, on l'avait vu! Quoi! on l'a vu, et on ne le reverra plus!

Toute cette obsession du regret torturait Lethierry. Il y a des sanglots de la pensée. Jamais peut-être il n'avait plus amèrement senti sa perte. Un certain engourdissement suit ces accès aigus. Sous cet appesantissement de tristesse, il s'assoupit.

Il resta environ deux heures les paupières fermées, dormant un peu, songeant beaucoup, fiévreux. Ces torpeurs-là couvrent un obscur travail du cerveau, très-fatigant. Vers le milieu de la nuit, vers minuit, un peu avant, ou un peu après, il secoua cet assoupissement. Il se réveilla, il ouvrit les yeux, sa fenêtre faisait face à son hamac, il vit une chose extraordinaire.

Une forme était devant sa fenêtre. Une forme inouïe. La cheminée d'un bateau à vapeur.

Mess Lethierry se dressa tout d'une pièce sur son séant. Le hamac oscilla comme au branle d'une tempête. Lethierry regarda. Il y avait dans la fenêtre une vision. Le port plein de clair de lune s'encadrait dans les vitres, et sur cette clarté, tout près de la maison, se découpait, droite, ronde et noire, une silhouette superbe.

Un tuyau de machine était là.

Lethierry se précipita à bas du hamac, courut à la fenêtre, leva le châssis, se pencha dehors, et la reconnut.

La cheminée de la Durande était devant lui.

Elle était à l'ancienne place.

Ses quatre chaînes la maintenaient amarrée au bordage d'un bateau dans lequel, au-dessous d'elle, on distinguait une masse qui avait un contour compliqué.

Lethierry recula, tourna le dos à la fenêtre, et retomba assis sur le hamac.

Il se retourna, et revit la vision.

Un moment après, le temps d'un éclair, il était sur le quai, une lanterne à la main.

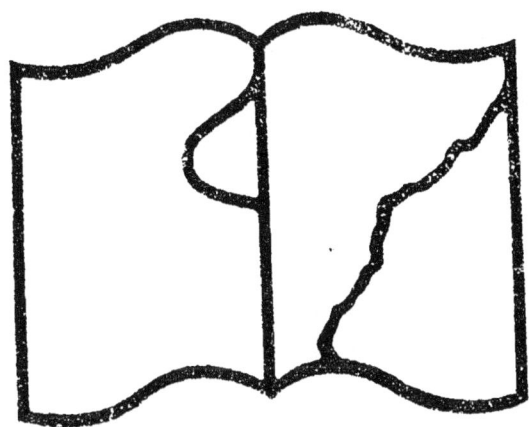

Texte détérioré — reliure défectueuse
NF Z 43-120-11

Au vieil anneau d'amarrage de la Durande était attachée une barque portant un peu à l'arrière un bloc massif d'où sortait la cheminée droite devant la fenêtre des Bravées. L'avant de la barque se prolongeait, en dehors du coin du mur de la maison à fleur de quai.

Il n'y avait personne dans la barque.

Cette barque avait une forme à elle et dont tout Guernesey eût donné le signalement. C'était la panse.

Lethierry sauta dedans. Il courut à la masse qu'il voyait au delà du mât. C'était la machine.

Elle était là, entière, complète, intacte, carrément assise sur son plancher de fonte; la chaudière avait toutes ses cloisons; l'arbre des roues était dressé et amarré près de la chaudière; la pompe de saumure était à sa place, rien ne manquait.

Lethierry examina la machine.

La lanterne et la lune s'entr'aidaient pour l'éclairer.

Il passa tout le mécanisme en revue.

Il vit les deux caisses qui étaient à côté. Il regarda l'arbre des roues.

Il alla à la cabine. Elle était vide.

Il revint à la machine et il la toucha. Il avança sa tête dans la chaudière. Il se mit à genoux pour voir dedans.

Il posa dans le fourneau sa lanterne dont la lueur illumina toute la mécanique et produisit presque le trompe-l'œil d'une machine allumée.

Puis il éclata de rire et, se redressant, l'œil fixé sur la machine, les bras tendus vers la cheminée, il cria : Au secours !

La cloche du port était sur le quai à quelques pas, il y courut, empoigna la chaîne et se mit à secouer la cloche impétueusement.

II

ENCORE LA CLOCHE DU PORT.

Gilliatt en effet, après une traversée sans incident, mais un peu lente à cause de la pesanteur du chargement de la panse, était arrivé à Saint-Sampson à la nuit close, plus près de dix heures que de neuf.

Gilliatt avait calculé l'heure. La demi-remontée

s'était faite. Il y avait de la lune et de l'eau; on pouvait entrer dans le port.

Le petit havre était endormi. Quelques navires y étaient mouillés, cargues sur vergues, hunes capelées, et sans fanaux. On apercevait au fond quelques barques au radoub, à sec dans le carénage. Grosses coques démâtées et sabordées, dressant au-dessus de leur bordage troué de claires-voies les pointes courbes de leur membrure dénudée, assez semblables à des scarabées morts couchés sur le dos, pattes en l'air.

Gilliatt, sitôt le goulet franchi, avait examiné le port et le quai. Il n'y avait de lumière nulle part, pas plus aux Bravées qu'ailleurs. Il n'y avait point de passants, excepté peut-être quelqu'un, un homme, qui venait d'entrer au presbytère ou d'en sortir. Et encore n'était-on pas sûr que ce fût une personne ; la nuit estompant tout ce qu'elle dessine et le clair de lune ne faisant jamais rien que d'indécis. La distance s'ajoutait à l'obscurité. Le presbytère d'alors était situé de l'autre côté du port, sur un emplacement où est construite aujourd'hui une cale couverte.

Gilliatt avait silencieusement accosté les Bravées, et avait amarré la panse à l'anneau de la Durande sous la fenêtre de mess Lethierry.

Puis il avait sauté par-dessus le bordage et pris terre.

Gilliatt, laissant derrière lui la panse à quai, tourna la maison, longea une ruette, puis une autre, ne regarda même pas l'embranchement de sentier qui menait au Bû de la Rue, et, au bout de quelques minutes, s'arrêta dans ce recoin de muraille où il y avait une mauve sauvage à fleurs roses en juin, du houx, du lierre et des orties. C'est de là que, caché sous les ronces, assis sur une pierre, bien des fois, dans les jours d'été, et pendant de longues heures, et pendant des mois entiers, il avait contemplé, par-dessus le mur bas au point de tenter l'enjambée, le jardin des Bravées, et, à travers les branches d'arbres, deux fenêtres d'une chambre de la maison. Il retrouva sa pierre, sa ronce, toujours le mur aussi bas, toujours l'angle aussi obscur, et, comme une bête rentrée au trou, glissant plutôt que marchant, il se blottit. Une fois assis, il ne fit plus un mouvement. Il regarda. Il revoyait le jardin, les allées, les massifs, les carrés de fleurs, la maison, les deux fenêtres de la chambre. La lune lui montrait ce rêve. Il est affreux qu'on soit forcé de respirer. Il faisait ce qu'il pouvait pour s'en empêcher.

Il lui semblait voir un paradis fantôme. Il avait peur que tout cela ne s'envolât. Il était presque impossible que ces choses fussent réellement sous ses yeux ; et si elles y étaient, ce ne pouvait être qu'avec l'imminence d'évanouissement qu'ont toujours les choses divines. Un souffle, et tout se dissiperait. Gilliatt avait ce tremblement.

Tout près, en face de lui, dans le jardin, au bord d'une allée, il y avait un banc de bois peint en vert. On se souvient de ce banc.

Gilliatt regardait les deux fenêtres. Il pensait à un sommeil possible de quelqu'un dans cette chambre. Derrière ce mur, on dormait. Il eût voulu ne pas être où il était. Il eût mieux aimé mourir que de s'en aller. Il pensait à une haleine soulevant une poitrine. Elle, ce mirage, cette blancheur dans une nuée, cette obsession flottante de son esprit, elle était là ! il pensait à l'inaccessible qui était endormi, et si près, et comme à la portée de son extase ; il pensait à la femme impossible assoupie, et visitée, elle aussi, par les chimères ; à la créature souhaitée, lointaine, insaisissable, fermant les yeux, le front dans la main; au mystère du sommeil de l'être idéal ; aux songes que peut faire un songe. Il n'osait penser au delà et il pensait pourtant; il se risquait dans les manques de respect de la rêverie, la quantité de forme féminine que peut avoir un ange le troublait, l'heure nocturne enhardit aux regards furtifs les yeux timides, il s'en voulait d'aller si avant, il craignait de profaner en réfléchissant; malgré lui, forcé, contraint, frémissant, il regardait dans l'invisible. Il subissait le frisson, et presque la souffrance, de se figurer un jupon sur une chaise, une mante jetée sur le tapis, une ceinture débouclée, un fichu. Il imaginait un corset, un lacet traînant à terre, des bas, des jarretières. Il avait l'âme dans les étoiles.

Les étoiles sont faites aussi bien pour le cœur humain d'un pauvre comme Gilliatt que pour le cœur humain d'un millionnaire. A un certain degré de passion, tout homme est sujet aux profonds éblouissements. Si c'est une nature âpre et primitive, raison de plus. Être sauvage, cela s'ajoute au rêve.

Le ravissement est une plénitude qui déborde comme une autre. Voir ces fenêtres, c'était presque trop pour Gilliatt.

Tout à coup, il la vit elle-même.

Des branchages d'un fourré déjà épaissi par le printemps sortit, avec une ineffable lenteur spectrale et céleste, une figure, une robe, un visage divin, presque une clarté sous la lune.

Gilliatt se sentit défaillir, c'était Déruchette.

Déruchette approcha. Elle s'arrêta. Elle fit quelques pas pour s'éloigner, s'arrêta encore, puis revint s'asseoir sur le banc de bois. La lune était dans les arbres, quelques nuées erraient parmi les étoiles pâles, la mer parlait aux choses de l'ombre à demi-voix, la ville dormait, une brume montait de l'horizon, cette mélancolie était profonde. Déruchette inclinait le front, avec cet œil pensif qui regarde attentivement rien ; elle était assise de profil, elle était presque nu-tête, ayant un bonnet dénoué qui laissait voir sur sa nuque délicate la naissance des cheveux, elle roulait machinalement un ruban de ce bonnet autour d'un de ses doigts, la pénombre modelait ses mains de statue, sa robe était d'une de ces nuances que

la nuit fait blanches, les arbres remuaient comme
s'ils étaient pénétrables à l'enchantement qui se
dégageait d'elle, on voyait le bout d'un de ses
pieds, il y avait dans ses cils baissés cette vague
contraction qui annonce une larme rentrée ou une
pensée refoulée, ses bras avaient l'indécision ravissante de ne point trouver où s'accouder, quelque
chose qui flotte un peu se mêlait à toute sa posture,
c'était plutôt une lueur qu'une lumière et une
grâce qu'une déesse, les plis du bas de sa jupe
étaient exquis, son adorable visage méditait virginalement. Elle était si près que c'était terrible.
Gilliatt l'entendait respirer.

Il y avait dans des profondeurs un rossignol
qui chantait. Les passages du vent dans les branches mettaient en mouvement l'ineffable silence
nocturne. Déruchette, jolie et sacrée, apparaissait
dans ce crépuscule comme la résultante de ces
rayons et de ces parfums ; ce charme immense
et épars aboutissait mystérieusement à elle, et s'y
condensait, et elle en était l'épanouissement. Elle
semblait l'âme fleur de toute cette ombre.

Toute cette ombre, flottante en Déruchette,
pesait sur Gilliatt. Il était éperdu. Ce qu'il éprou-

vait échappe aux paroles ; l'émotion est toujours neuve et le mot a toujours servi ; de là l'impossibilité d'exprimer l'émotion. L'accablement du ravissement existe. Voir Déruchette, la voir elle-même, voir sa robe, voir son bonnet, voir son ruban qu'elle tourne autour de son doigt, est-ce qu'on peut se figurer une telle chose ? Être près d'elle, est-ce que c'est possible ? l'entendre respirer, elle respire donc ! alors les astres respirent. Gilliatt frissonnait. Il était le plus misérable et le plus enivré des hommes. Il ne savait que faire. Ce délire de la voir l'anéantissait. Quoi ! c'était elle qui était là, et c'était lui qui était ici ! Ses idées, éblouies et fixes, s'arrêtaient sur cette créature comme sur une escarboucle. Il regardait cette nuque et ces cheveux. Il ne se disait même pas que tout cela maintenant était à lui, qu'avant peu, demain peut-être, ce bonnet il aurait le droit de le défaire, ce ruban il aurait le droit de le dénouer. Songer jusque-là, il n'eût pas même conçu un moment cet excès d'audace. Toucher avec la pensée, c'est presque toucher avec la main. L'amour était pour Gilliatt comme le miel pour l'ours, le rêve exquis et délicat. Il pensait confusément. Il ne savait ce qu'il avait. Le rossignol chantait. Il se sentait expirer.

Se lever, franchir le mur, s'approcher, dire c'est moi, parler à Déruchette, cette idée ne lui venait pas. Si elle lui fût venue, il se fût enfui. Si quelque chose de semblable à une pensée parvenait à poindre dans son esprit, c'était ceci, que Déruchette était là, qu'il n'y avait besoin de rien de plus, et que l'éternité commençait.

Un bruit les tira tous les deux, elle de sa rêverie, lui de son extase.

Quelqu'un marchait dans le jardin. On ne voyait pas qui, à cause des arbres. C'était un pas d'homme.

Déruchette leva les yeux.

Les pas s'approchèrent, puis cessèrent. La personne qui marchait venait de s'arrêter. Elle devait être tout près. Le sentier où était le banc se perdait entre deux massifs. C'est là qu'était cette personne, dans cet entre-deux, à quelques pas du banc.

Le hasard avait disposé les épaisseurs des branches de telle sorte que Déruchette la voyait, mais que Gilliatt ne la voyait pas.

La lune projetait sur la terre hors du massif jusqu'au banc, une ombre.

Gilliatt voyait cette ombre.

Il regarda Déruchette.

Elle était toute pâle. Sa bouche entr'ouverte ébauchait un cri de surprise. Elle s'était soulevée à demi sur le banc et elle y était retombée ; il y avait dans son attitude un mélange de fuite et de fascination. Son étonnement était un enchantement plein de crainte. Elle avait sur les lèvres presque le rayonnement du sourire et une lueur de larmes dans les yeux. Elle était comme transfigurée par une présence. Il ne semblait pas que l'être qu'elle voyait fût de la terre. La réverbération d'un ange était dans son regard.

L'être qui n'était pour Gilliatt qu'une ombre parla. Une voix sortit du massif, plus douce qu'une voix de femme, une voix d'homme pourtant. Gilliatt entendit ces paroles :

— Mademoiselle, je vous vois tous les dimanches et tous les jeudis ; on m'a dit qu'autrefois vous ne veniez pas si souvent. C'est une remarque qu'on a faite, je vous demande pardon. Je ne vous ai jamais parlé, c'était mon devoir ; aujourd'hui je vous parle, c'est mon devoir. Je dois d'abord m'adresser à vous. Le *Cashmere* part demain. C'est ce qui fait que je suis venu. Vous vous promenez tous les soirs dans votre jardin. Ce serait mal à moi de connaître vos habitudes si je n'avais pas la pensée que j'ai. Mademoiselle, vous êtes pauvre; depuis ce matin je suis riche. Voulez-vous de moi pour votre mari?

Déruchette joignit ses deux mains comme une suppliante, et regarda celui qui lui parlait, muette, l'œil fixe, tremblante de la tête aux pieds.

La voix reprit :

— Je vous aime. Dieu n'a pas fait le cœur de l'homme pour qu'il se taise. Puisque Dieu promet l'éternité, c'est qu'il veut qu'on soit deux. Il y a pour moi sur la terre une femme, c'est vous. Je pense à vous comme à une prière. Ma foi est en Dieu et mon espérance est en vous. Les ailes que j'ai, c'est vous qui les portez. Vous êtes ma vie, et déjà mon ciel.

— Monsieur, dit Déruchette, il n'y a personne pour répondre dans la maison.

La voix s'éleva de nouveau :

— J'ai fait ce doux songe. Dieu ne défend pas

les songes. Vous me faites l'effet d'une gloire. Je vous aime passionnément, mademoiselle. La sainte innocence, c'est vous. Je sais que c'est l'heure où l'on est couché, mais je n'avais pas le choix d'un autre moment. Vous rappelez-vous ce passage de la Bible qu'on nous a lu? Genèse, chapitre vingt-cinq. J'y ai toujours songé depuis. Je l'ai relu souvent. Le révérend Hérode me disait : il vous faut une femme riche. Je lui ai répondu : non, il me faut une femme pauvre. Mademoiselle, je vous parle sans approcher, je me reculerai même si vous ne voulez pas que mon ombre touche vos pieds. C'est vous qui êtes la souveraine; vous viendrez à moi si vous voulez. J'aime et j'attends. Vous êtes la forme vivante de la bénédiction.

— Monsieur, balbutia Déruchette, je ne savais pas qu'on me remarquait le dimanche et le jeudi.

La voix continua :

— On ne peut rien contre les choses angéliques. Toute la loi est amour. Le mariage, c'est Chanaan. Vous êtes la beauté promise. O pleine de grâce, je vous salue.

Déruchette répondit :

— Je ne croyais pas faire plus de mal que les autres personnes qui étaient exactes.

La voix poursuivit :

— Dieu a mis ses intentions dans les fleurs, dans l'aurore, dans le printemps, et il veut qu'on aime. Vous êtes belle dans cette obscurité sacrée de la nuit. Ce jardin a été cultivé par vous, et dans ses parfums il y a quelque chose de votre haleine. Mademoiselle, les rencontres des âmes ne dépendent pas d'elles. Ce n'est pas de notre faute. Vous assistiez, rien de plus ; j'étais là, rien de plus. Je n'ai rien fait que de sentir que je vous aimais. Quelquefois mes yeux se sont levés sur vous. J'ai eu tort, mais comment faire? c'est en vous regardant que tout est venu. On ne peut s'empêcher. Il y a des volontés mystérieuses qui sont au-dessus de nous. Le premier des temples, c'est le cœur. Avoir votre âme dans ma maison, c'est à ce paradis terrestre que j'aspire, y consentez-vous? Tant que j'ai été pauvre, je n'ai rien dit. Je sais votre âge. Vous avez vingt et un ans, j'en ai vingt-six. Je pars demain ; si vous me refusez, je ne reviendrai pas. Soyez mon engagée, voulez-vous? Mes yeux ont déjà, plus d'une fois, malgré moi, fait aux vôtres cette question. Je vous aime, répondez-moi. Je parlerai à votre oncle dès qu'il pourra me recevoir, mais je me tourne d'abord vers vous. C'est à Rebecca qu'on demande Rebecca. A moins que vous ne m'aimiez pas.

Déruchette pencha le front, et murmura :

— Oh! je l'adore!

Cela fut dit si bas que Gilliatt seul entendit.

Elle resta le front baissé comme si le visage dans l'ombre mettait dans l'ombre la pensée.

Il y eut une pause. Les feuilles d'arbres ne remuaient pas. C'était ce moment sévère et paisible où le sommeil des choses s'ajoute au sommeil des êtres, et où la nuit semble écouter le battement de cœur de la nature. Dans ce recueillement s'élevait, comme une harmonie qui complète un silence, le bruit immense de la mer.

La voix reprit :

— Mademoiselle.

Déruchette tressaillit.

La voix continua :

— Hélas! j'attends.

— Qu'attendez-vous?

— Votre réponse.

— Dieu l'a entendue, dit Déruchette.

Alors la voix devint presque sonore, et en même temps plus douce que jamais. Ces paroles sortirent du massif, comme d'un buisson ardent :

— Tu es ma fiancée. Lève-toi, et viens. Que le bleu plafond où sont les astres assiste à cette acceptation de mon âme par ton âme, et que notre premier baiser se mêle au firmament!

Déruchette se leva, et demeura un instant immobile, le regard fixé devant elle, sans doute sur un autre regard. Puis, à pas lents, la tête droite, les bras pendants et les doigts des mains écartés comme lorsqu'on marche sur un support inconnu, elle se dirigea vers le massif et y disparut.

Un moment après, au lieu d'une ombre sur le sable il y en avait deux, elles se confondaient, et Gilliatt voyait à ses pieds l'embrassement de ces deux ombres.

Le temps coule de nous comme d'un sablier, et nous n'avons pas le sentiment de cette fuite, surtout dans de certains instants suprêmes. Ce couple d'un côté, qui ignorait ce témoin et ne le voyait pas, de l'autre ce témoin qui ne voyait pas ce couple, mais qui le savait là, combien de minutes demeurèrent-ils ainsi, dans cette suspension mystérieuse? Il serait impossible de le dire. Tout à coup, un bruit lointain éclata, une voix cria : Au secours! et la cloche du port sonna. Ce tumulte, il est probable que le bonheur, ivre et céleste, ne l'entendit pas.

La cloche continua de sonner. Quelqu'un qui eût cherché Gilliatt dans l'angle du mur ne l'y eût plus trouvé.

LIVRE DEUXIÈME

LA RECONNAISSANCE EN PLEIN DESPOTISME

I

JOIE ENTOURÉE D'ANGOISSES

Mess Lethierry agitait la cloche avec emportement. Brusquement il s'arrêta. Un homme venait de tourner l'angle du quai. C'était Gilliatt.

Mess Lethierry courut à lui, ou pour mieux dire se jeta sur lui, lui prit la main dans ses poings, et le regarda un moment dans les deux yeux en silence; un de ces silences qui sont de l'explosion ne sachant par où sortir.

Puis avec violence, le secouant et le tirant, et le serrant dans ses bras, il fit entrer Gilliatt dans la salle basse des Bravées, en repoussa du talon la porte qui demeura entr'ouverte, s'assit, ou tomba, sur une chaise à côté d'une grande table éclairée par la lune dont le reflet blanchissait vaguement le visage de Gilliatt, et, d'une voix où il y avait des éclats de rire et des sanglots mêlés, il cria :

— Ah! mon fils! l'homme au bug-pipe! Gilliatt! je savais bien que c'était toi! La panse, parbleu! conte-moi ça. Tu y es donc allé! On t'aurait brûlé il y a cent ans. C'est de la magie. Il ne manque pas une vis. J'ai déjà tout regardé, tout reconnu, tout manié. Je devine que les roues sont dans les deux caisses. Te voilà donc enfin! Je viens de te chercher dans ta cabine. J'ai sonné la cloche. Je te cherchais. Je me disais : Où est-il que je le mange! Il faut convenir qu'il se passe des choses extraordinaires. Cet animal-là revient de l'écueil Douvres. Il me rapporte ma vie. Tonnerre! tu es un ange. Oui, oui, oui, c'est ma machine. Personne n'y croira. On le verra, on dira : Ce n'est pas vrai. Tout y est, quoi! Tout y est! Il ne manque pas un serpentin. Il ne manque pas un apitage. Le tube de prise d'eau n'a pas bougé. C'est incroyable qu'il n'y ait pas eu d'avarie. Il n'y a qu'un peu d'huile à mettre. Mais comment as-tu fait? Et dire que Durande va remarcher! L'arbre des roues est démonté comme par un bijoutier. Donne-moi ta parole d'honneur que je ne suis pas fou.

Il se dressa debout, respira, et poursuivit:

— Jure-moi ça. Quelle révolution! Je me pince, je sens bien que je ne rêve pas. Tu es mon enfant, tu es mon garçon, tu es le bon Dieu. Ah! mon fils! Avoir été me chercher ma gueuse de machine! En pleine mer! dans ce guet-apens d'écueil! J'ai vu des choses très-farces dans ma vie. Je n'ai rien vu de tel. J'ai vu les parisiens qui sont des satans. Je t'en fiche qu'ils feraient ça. C'est pis que la Bastille. J'ai vu les gauchos labourer dans les pampas, ils ont pour charrue une branche d'arbre qui a un coude et pour herse un fagot d'épines tiré avec une corde de cuir, ils récoltent avec ça des grains de blé gros comme des noisettes. C'est de la gnognotte à côté de toi. Tu as fait là un miracle, un pour de vrai. Ah! le gredin! Saute-moi donc

au cou. Et on te devra tout le bonheur du pays.
Vont-ils bougonner dans Saint-Sampson! Je vais
m'occuper tout de suite de refaire le bachot. C'est
étonnant, la bielle n'a rien de cassé. Messieurs, il
est allé aux Douvres. Je dis les Douvres. Il est
allé tout seul. Les Douvres! un caillou qu'il n'y a
rien de pire. Tu sais, t'a-t-on dit? c'est prouvé, ça
a été fait exprès, Clubin a coulé Durande pour me
filouter de l'argent qu'il avait à m'apporter. Il a
soûlé Tangrouille. C'est long, je te raconterai un
autre jour la piraterie. Moi, affreuse brute, j'avais
confiance dans Clubin. Il s'y est pincé, le scélérat,
car il n'a pas dû en sortir. Il y a un Dieu, canaille!
Vois-tu, Gilliatt, tout de suite, dar, dar, les fers
au feu, nous allons rebâtir Durande. Nous lui donnerons vingt pieds de plus. On fait maintenant les
bateaux plus longs. J'achèterai du bois à Dantzick
et à Brême. A présent que j'ai la machine, on me
fera crédit. La confiance reviendra.

Mess Lethierry s'arrêta, leva les yeux avec ce
regard qui voit le ciel à travers le plafond, et dit
entre ses dents : Il y en a un.

Puis il posa le médius de sa main droite entre
ses deux sourcils, l'ongle appuyé sur la naissance

du nez, ce qui indique le passage d'un projet dans le cerveau, et il reprit :

— C'est égal, pour tout recommencer sur une grande échelle, un peu d'argent comptant eût bien fait mon affaire. Ah ! si j'avais mes trois banknotes, les soixante-quinze mille francs que ce brigand de Rantaine m'a rendus et que ce brigand de Clubin m'a volés !

Gilliatt, en silence, chercha dans sa poche quelque chose qu'il posa devant lui. C'était la ceinture de cuir qu'il avait rapportée. Il ouvrit et étala sur la table cette ceinture dans l'intérieur de laquelle la lune laissait déchiffrer le mot *Clubin;* il tira du gousset de la ceinture une boîte, et de la boîte trois morceaux de papier pliés qu'il déplia et qu'il tendit à mess Lethierry.

Mess Lethierry examina les trois morceaux de papier. Il faisait assez clair pour que le chiffre 1000 et le mot *thousand* y fussent parfaitement visibles. Mess Lethierry prit les trois billets, les posa sur la table l'un à côté de l'autre, les regarda, regarda Gilliatt, resta un moment interdit, puis ce fut comme une éruption après une explosion.

— Ça aussi ! Tu es prodigieux. Mes bank-notes ! toutes les trois ! mille chaque ! mes soixante-quinze mille francs ! Tu es donc allé jusqu'en enfer. C'est la ceinture à Clubin. Pardieu ! je lis dedans son ordre de nom. Gilliatt rapporte la machine, plus l'argent ! Voilà de quoi mettre dans les journaux. J'achèterai du bois première qualité. Je devine, tu auras retrouvé la carcasse. Clubin pourri dans quelque coin. Nous prendrons le sapin à Dantzick et le chêne à Brême, nous ferons un bon bordé, nous mettrons le chêne en dedans et le sapin en dehors. Autrefois on fabriquait les navires moins bien et ils duraient davantage ; c'est que le bois était plus assaisonné, parce qu'on ne construisait pas tant. Nous ferons peut-être la coque en orme. L'orme est bon pour les parties noyées ; être tantôt sec, tantôt trempé, ça le pourrit ; l'orme veut être toujours mouillé, il se nourrit d'eau. Quelle belle Durande nous allons conditionner ! On ne me fera pas la loi. Je n'aurai plus besoin de crédit. J'ai les sous. A-t-on jamais vu ce Gilliatt ! J'étais par terre, aplati, mort. Il me remet debout sur mes quatre fers ! Et moi qui ne pensais pas du tout à lui ! Ça m'était sorti de l'esprit. Tout me revient, à présent. Pauvre garçon! Ah! par exemple, tu sais, tu épouses Déruchette.

Gilliatt s'adossa au mur, comme quelqu'un qui chancelle, et très-bas, mais très-distinctement, il dit :

— Non.

Mess Lethierry eut un soubresaut.

— Comment, non!

Gilliatt répondit :

— Je ne l'aime pas.

Mess Lethierry alla à la fenêtre, l'ouvrit et la referma, revint à la table, prit les trois bank-notes, les plia, posa la boîte de fer dessus, se gratta les cheveux, saisit la ceinture de Clubin, la jeta violemment contre la muraille, et dit :

— Il y a quelque chose.

Il enfonça ses deux poings dans ses deux poches, et reprit :

— Tu n'aimes pas Déruchette! C'est donc pour moi que tu jouais du bug-pipe?

Gilliatt, toujours adossé au mur, pâlissait comme un homme qui tout à l'heure ne respirera plus. A mesure qu'il devenait pâle, mess Lethierry devenait rouge.

— En voilà un imbécile ! Il n'aime pas Déruchette ! Eh bien, arrange-toi pour l'aimer, car elle n'épousera que toi. Quelle diable d'anecdote viens-tu me conter là ! Si tu crois que je te crois ! Est-ce que tu es malade ? c'est bon, envoie chercher le médecin, mais ne dis pas d'extravagances. Pas possible que tu aies déjà eu le temps de vous quereller et de te fâcher avec elle. Il est vrai que les amoureux, c'est si bête ! Voyons, as-tu des raisons ? Si tu as des raisons, dis-les. On n'est pas une oie sans avoir des raisons. Après ça, j'ai du coton dans les oreilles, j'ai peut-être mal entendu, répète ce que tu as dit.

Gilliatt répliqua :

— J'ai dit non.

— Tu as dit non. Il y tient, la brute ! Tu as quelque chose, c'est sûr ! Tu as dit non ! Voilà une stupidité qui dépasse les limites du monde connu. On flanque des douches aux personnes pour bien moins que ça. Ah ! tu n'aimes pas Déruchette ! Alors c'est pour l'amour du bonhomme que tu as fait tout ce que tu as fait ! C'est pour les beaux yeux du papa que tu es allé aux Douvres, que tu as eu froid, que tu as eu chaud, que tu as crevé de faim et de soif, que tu as mangé de la vermine de rocher, que tu as eu le brouillard, la pluie et le vent pour chambre à coucher, et que tu as exécuté la chose de me rapporter ma machine, comme on rapporte à une jolie femme son serin qui s'est échappé! Et la tempête d'il y a trois jours! Si tu t'imagines que je ne me rends pas compte. Tu en as eu du tirage! C'est en faisant la bouche en cœur du côté de ma vieille caboche que tu as taillé, coupé, tourné, viré, traîné, limé, scié, charpenté, inventé, écrabouillé, et fait plus de miracles à toi tout seul que tous les saints du paradis. Ah! idiot! tu m'as pourtant assez ennuyé avec ton bug-pipe. On appelle ça biniou en Bretagne. Toujours le même air, l'animal! Ah! tu n'aimes pas Déruchette! Je ne sais pas ce que tu as. Je me rappelle bien tout à présent, j'étais là dans le coin, Déruchette a dit : Je l'épouserai. Et elle t'épousera! Ah! tu ne l'aimes pas! Réflexions faites, je ne comprends rien. Ou tu es fou, ou je le suis. Et le voilà qui ne dit plus un mot. Ça n'est pas permis de faire tout ce que tu as fait, et de dire à la fin : Je n'aime pas Déruchette. On ne rend pas service aux gens pour les mettre en colère. Eh bien, si tu ne l'épouses pas, elle coiffera sainte Catherine. D'abord, j'ai besoin de toi, moi. Tu seras le pilote de Durande. Si tu t'imagines que je vais te laisser aller comme ça ! Ta, ta, ta, nenni mon cœur, je ne te lâche point. Je te tiens. Je ne t'écoute seulement pas. Où y a-t-il un matelot comme toi ! Tu es mon homme. Mais parle donc !

Cependant la cloche avait réveillé la maison et les environs. Douce et Grâce s'étaient levées et venaient d'entrer dans la salle basse, l'air stupéfait, sans dire mot. Grâce avait à la main une chandelle. Un groupe de voisins, bourgeois, marins et paysans, sortis en hâte, était dehors sur le quai, considérant avec pétrification et stupeur la cheminée de la Durande dans la panse. Quelques-uns, entendant la voix de mess Lethierry dans la salle basse, commençaient à s'y glisser silencieusement par la porte entre-bâillée. Entre deux faces de commères passait la tête de sieur Landoys qui avait ce hasard d'être toujours là où il aurait regretté de ne pas être.

Les grandes joies ne demandent pas mieux que d'avoir un public. Le point d'appui un peu épars qu'offre toujours une foule leur plaît ; elles repartent dé là. Mess Lethierry s'aperçut tout à coup qu'il y avait des gens autour de lui. Il accepta d'emblée l'auditoire.

— Ah! vous voilà, vous autres. C'est bien heureux. Vous savez la nouvelle. Cet homme a été là et il a rapporté ça. Bonjour, sieur Landoys. Tout à l'heure, quand je me suis réveillé, j'ai vu le tuyau. C'était sous ma fenêtre. Il ne manque pas un clou à la chose. On fait des gravures de Napoléon ; moi, j'aime mieux ça que la bataille d'Austerlitz. Vous sortez de votre lit, bonnes gens. La Durande vous vient en dormant. Pendant que vous mettez vos bonnets de coton et que vous soufflez vos chandelles, il y a des gens qui sont des héros. On est un tas de lâches et de fainéants, on chauffe ses rhumatismes, heureusement cela n'empêche pas qu'il y ait des enragés. Ces enragés vont où il faut aller et font ce qu'il faut faire. L'homme du Bû de la Rue arrive du rocher Douvres. Il a repêché la Durande au fond de la mer, il a repêché l'argent dans la poche de Clubin, un trou encore plus profond. Mais comment as-tu fait? Tout le diantre était contre toi, le vent et la marée, la marée et le vent. C'est vrai que tu es sorcier. Ceux qui disent ça ne sont déjà pas si bêtes. La Durande est revenue! les tempêtes ont beau avoir de la méchanceté, ça la leur coupe rasibus. Mes amis, je vous annonce qu'il n'y a plus de naufrages. J'ai visité la mécanique. Elle est comme neuve, entière, quoi! Les tiroirs à vapeur jouent comme sur des roulettes. On dirait un objet d'hier matin. Vous savez que l'eau qui sort est conduite hors du bateau par un tube placé dans un autre tube par où passe l'eau qui entre, pour utiliser la chaleur; eh bien, les deux tubes, ça y est. Toute la machine! les roues aussi! Ah! tu l'épouseras!

— Qui? la machine? demanda sieur Landoys.

— Non, la fille. Oui, la machine. Les deux. Il sera deux fois mon gendre. Il sera le capitaine. Good bye, capitaine Gilliatt. Il va y en avoir une, de Durande! On va en faire des affaires, et de la circulation, et du commerce, et des chargements de bœufs et de moutons! Je ne donnerais pas Saint-Sampson pour Londres. Et voici l'auteur. Je vous dis que c'est une aventure. On lira ça samedi dans la gazette au père Mauger. Gilliatt le

Malin est un malin. Qu'est-ce que c'est que ces louis d'or-là ?

Mess Lethierry venait de remarquer, par l'hiatus du couvercle, qu'il y avait de l'or dans la boîte posée sur les bank-notes. Il la prit, l'ouvrit, la vida dans la paume de sa main, et mit la poignée de guinées sur la table.

— Pour les pauvres. Sieur Landoys, donnez ces pounds de ma part au connétable de Saint-Sampson. Vous savez, la lettre de Rantaine? Je vous l'ai montrée ; eh bien, j'ai les bank-notes. Voilà de quoi acheter du chêne et du sapin et faire de la menuiserie. Regardez plutôt. Vous rappelez-vous le temps d'il y a trois jours? Quel massacre de vent et de pluie ! Le ciel tirait le canon. Gilliatt a reçu ça dans les Douvres. Ça ne l'a pas empêché de décrocher l'épave comme je décroche ma montre. Grâce à lui, je redeviens quelqu'un. La galiote au père Lethierry va reprendre son service, messieurs mesdames. Une coquille de noix avec deux roues et un tuyau de pipe, j'ai toujours été toqué de cette invention-là. Je me suis toujours dit : j'en ferai une ! Ça date de loin ; c'est une idée qui m'est venue à Paris dans le café qui fait le coin de la rue Christine et de la rue Dauphine en lisant un journal qui en parlait. Savez-vous bien que Gilliatt ne serait pas gêné pour mettre la machine de Marly dans son gousset et pour se promener avec ? C'est du fer battu, cet homme-là, de l'acier trempé, du diamant, un marin bon jeu bon argent, un forgeron, un gaillard extraordinaire, plus étonnant que le prince de Hohenlohe. J'appelle ça un homme qui a de l'esprit. Nous sommes tous des pas grand'choses. Les loups de mer, c'est vous, c'est moi, c'est nous ; mais le lion de mer, le voici. Hurrah, Gilliatt ! Je ne sais pas ce qu'il a fait, mais certainement il a été un diable, et comment veut-on que je ne lui donne pas Déruchette !

Depuis quelques instants, Déruchette était dans la salle. Elle n'avait pas dit un mot, elle n'avait pas fait de bruit. Elle avait eu une entrée d'ombre. Elle s'était assise, presque inaperçue, sur une chaise en arrière de mess Lethierry debout, loquace, orageux, joyeux, abondant en gestes et parlant haut. Un peu après elle, une autre apparition muette s'était faite. Un homme vêtu de noir, en cravate blanche, ayant son chapeau à la main,

s'était arrêté dans l'entre-bâillement de la porte.
Il y avait maintenant plusieurs chandelles dans le
groupe lentement grossi. Ces lumières éclairaient
de côté l'homme vêtu de noir ; son profil, d'une
blancheur jeune et charmante, se dessinait sur le
fond obscur avec une pureté de médaille ; il appuyait son coude à l'angle d'un panneau de la
porte, et il tenait son front dans sa main gauche,
attitude, à son insu, gracieuse, qui faisait valoir
la grandeur du front par la petitesse de la main.
Il y avait un pli d'angoisse au coin de ses lèvres
contractées. Il examinait et écoutait avec une attention profonde. Les assistants, ayant reconnu le
révérend Ebenezer Caudray, recteur de la paroisse,
s'étaient écartés pour le laisser passer, mais il était
resté sur le seuil. Il y avait de l'hésitation dans
sa posture et de la décision dans son regard. Ce
regard par moments se rencontrait avec celui de
Déruchette. Quant à Gilliatt, soit par hasard, soit
exprès, il était dans l'ombre, et on ne le voyait
que très-confusément.

Mess Lethierry d'abord n'aperçut pas M. Ebenezer, mais il aperçut Déruchette. Il alla à elle,
et l'embrassa avec tout l'emportement que peut

avoir un baiser au front. En même temps il étendait le bras vers le coin sombre où était Gilliatt.

— Déruchette, dit-il, te revoilà riche, et voilà ton mari.

Déruchette leva la tête avec égarement et regarda dans cette obscurité.

Mess Lethierry reprit :

— On fera la noce tout de suite, demain si ça se peut, on aura les dispenses, d'ailleurs ici les formalités ne sont pas lourdes, le doyen fait ce qu'il veut, on est marié avant qu'on ait eu le temps de crier gare, ce n'est pas comme en France, où il faut des bans, des publications, des délais, tout le bataclan, et tu pourras te vanter d'être la femme d'un brave homme, et il n'y a pas à dire, c'est que c'est un marin, je l'ai pensé dès le premier jour quand je l'ai vu revenir de Herm avec le petit canon. A présent il revient des Douvres, avec sa fortune, et la mienne, et la fortune du pays ; c'est un homme dont on parlera un jour comme il n'est pas possible ; tu as dit : je l'épouserai, tu l'épouseras ; et vous aurez des enfants, et je serai grand'père, et tu auras cette chance d'être la lady d'un gaillard sérieux, qui travaille, qui est utile, qui est surprenant, qui en vaut cent, qui sauve les inventions des autres, qui est une providence, et au moins, toi, tu n'auras pas, comme presque toutes les chipies riches de ce pays-ci, épousé un soldat ou un prêtre, c'est-à-dire l'homme qui tue ou l'homme qui ment. Mais qu'est-ce que tu fais dans ton coin, Gilliatt ? On ne te voit pas. Douce! Grâce! tout le monde, de la lumière. Illuminez-moi mon gendre à giorno. Je vous fiance, mes enfants, et voilà ton mari, et voilà mon gendre, c'est Gilliatt du Bû de la Rue, le bon garçon, le grand matelot, et je n'aurai pas d'autre gendre, et tu n'auras pas d'autre mari, j'en redonne ma parole d'honneur au bon Dieu. Ah! c'est vous, monsieur le curé, vous me marierez ces jeunes gens-là.

L'œil de mess Lethierry venait de tomber sur le révérend Ebenezer.

Douce et Grâce avaient obéi. Deux chandelles posées sur la table éclairaient Gilliatt de la tête aux pieds.

— Qu'il est beau! cria Lethierry.

Gilliatt était hideux.

Il était tel qu'il était sorti, le matin même, de

l'écueil Douvres, en haillons, les coudes percés, la barbe longue, les cheveux hérissés, les yeux brûlés et rouges, la face écorchée, les poings saignants ; il avait les pieds nus. Quelques-unes des pustules de la pieuvre étaient encore visibles sur ses bras velus.

Lethierry le contemplait.

— C'est mon vrai gendre. Comme il s'est battu avec la mer! il est tout en loques! Quelles épaules! quelles pattes! Que tu es beau!

Grâce courut à Déruchette et lui soutint la tête Déruchette venait de s'évanouir.

II

LA MALLE DE CUIR

Dès l'aube, Saint-Sampson était sur pied et Saint-Pierre-Port commençait à arriver. La résurrection de la Durande faisait dans l'île un bruit comparable à celui qu'a fait dans le midi de la France la Salette. Il y avait foule sur le quai pour regarder la cheminée sortant de la panse. On eût bien voulu voir et toucher un peu la machine; mais

Lethierry, après avoir fait de nouveau, et au jour, l'inspection triomphante de la mécanique, avait posté dans la panse deux matelots chargés d'empêcher l'approche. La cheminée, au surplus, suffisait à la contemplation. La foule s'émerveillait. On ne parlait que de Gilliatt. On commentait et on acceptait son surnom de Malin ; l'admiration s'achevait volontiers par cette phrase : « Ce n'est toujours pas agréable d'avoir dans l'île des gens capables de faire des choses comme ça. »

On voyait du dehors mess Lethierry assis à sa table devant sa fenêtre et écrivant, un œil sur son papier, l'autre sur la machine. Il était tellement absorbé qu'il ne s'était interrompu qu'une fois pour « crier [*] » Douce et pour lui demander des nouvelles de Déruchette. Douce avait répondu : « Mademoiselle s'est levée, et est sortie ». Mess Lethierry avait dit : « Elle fait bien de prendre l'air. Elle s'est trouvée un peu mal cette nuit à cause de la chaleur. Il y avait beaucoup de monde dans la salle. Et puis la surprise, la joie, avec cela que les fenêtres étaient fermées. Elle va avoir

[*] Appeler.

un fier mari ! » Et il avait recommencé à écrire. Il avait déjà paraphé et scellé deux lettres adressées aux plus notables maîtres de chantiers de Brême. Il achevait de cacheter la troisième.

Le bruit d'une roue sur le quai lui fit dresser le cou. Il se pencha et vit déboucher du sentier par où l'on allait au Bû de la Rue un boy poussant une brouette. Ce boy se dirigeait du côté de Saint-Pierre-Port. Il y avait dans la brouette une malle de cuir jaune damasquinée de clous de cuivre et d'étain.

Mess Lethierry apostropha le boy.

— Où vas-tu, garçon ?

Le boy s'arrêta, et répondit :

— Au *Cashmere*.

— Quoi faire ?

— Porter cette malle.

— Eh bien, tu porteras aussi ces trois lettres.

Mess Lethierry ouvrit le tiroir de sa table, y prit un bout de ficelle, noua ensemble sous un nœud en croix les trois lettres qu'il venait d'écrire, et jeta le paquet au boy qui le reçut au vol dans ses deux mains.

— Tu diras au capitaine du *Cashmere* que c'est

moi qui écris, et qu'il ait soin. C'est pour l'Allemagne. Brême via London.

— Je ne parlerai pas au capitaine, mess Lethierry.

— Pourquoi?

— Le *Cashmere* n'est pas à quai.

— Ah!

— Il est en rade.

— C'est juste. A cause de la mer.

— Je ne pourrai parler qu'au patron de l'embarcation.

— Tu lui recommanderas mes lettres.

— Oui, mess Lethierry.

— A quelle heure part le *Cashmere?*

— A douze heures.

— A midi, aujourd'hui, la marée monte. Il a la marée contre.

— Mais il a le vent pour.

— Boy, dit mess Lethierry braquant son index sur la cheminée de la machine, vois-tu ça? ça se moque du vent et de la marée.

Le boy mit les lettres dans sa poche, ressaisit le brancard de la brouette, et reprit sa course vers la ville. Mess Lethierry appela : Douce! Grâce!

Grâce entre-bâilla la porte.

— Mess, qu'y a-t-il?

— Entre, et attends.

Mess Lethierry prit une feuille de papier et se mit à écrire. Si Grâce, debout derrière lui, eût été curieuse et eût avancé la tête pendant qu'il écrivait, elle aurait pu lire, par-dessus son épaule, ceci:

« J'écris à Brême pour du bois. J'ai rendez-vous
« toute la journée avec des charpentiers pour l'esti-
« mat. La reconstruction marchera vite. Toi, de ton
« côté, va chez le doyen pour avoir les dispenses.
« Je désire que le mariage se fasse le plus tôt pos-
« sible, tout de suite serait le mieux. Je m'occupe
« de Durande, occupe-toi de Déruchette. »

Il data, et signa : LETHIERRY.

Il ne prit point la peine de cacheter le billet, le plia simplement en quatre et le tendit à Grâce.

— Porte cela à Gilliatt.

— Au Bû de la Rue?

— Au Bû de la Rue.

LIVRE TROISIÈME

DÉPART DU *CASHMERE*

I

LE HAVELET TOUT PROCHE DE L'ÉGLISE

Saint-Sampson ne peut avoir foule sans que Saint-Pierre-Port soit désert. Une chose curieuse sur un point donné est une pompe aspirante. Les nouvelles courent vite dans les petits pays; aller voir la cheminée de la Durande sous les fenêtres de mess Lethierry était depuis le lever du soleil la grande affaire de Guernesey. Tout autre événement s'était effacé devant celui-là. Éclipse de la

mort du doyen de Saint-Asaph; il n'était plus
question du révérend Ebenezer Caudray, ni de sa
soudaine richesse, ni de son départ par le *Cashmere*. La machine de la Durande rapportée des
Douvres. tel était l'ordre du jour. On n'y croyait
pas. Le naufrage avait paru extraordinaire, mais
le sauvetage semblait impossible. C'était à qui
s'en assurerait par ses yeux. Toute autre préoc-
cupation était suspendue. De longues files de bourgeois en famille, depuis le vésin jusqu'au mess,
des hommes, des femmes, des gentlemen, des
mères avec enfants et des enfants avec poupées,
se dirigeaient par toutes les routes vers « la chose
à voir » aux Bravées et tournaient le dos à Saint-
Pierre-Port. Beaucoup de boutiques dans Saint-
Pierre-Port étaient fermées; dans Commercial-
Arcade, stagnation absolue de vente et de négoce;
toute l'attention était à la Durande; pas un mar-
chand n'avait « étrenné »; excepté un bijoutier,
lequel s'émerveillait d'avoir vendu un anneau d'or
pour mariage « à une espèce d'homme paraissant
« fort pressé qui lui avait demandé la demeure
« de monsieur le doyen ». Les boutiques restées
ouvertes étaient des lieux de causerie où l'on com-

mentait bruyamment le miraculeux sauvetage. Pas un promeneur à l'Hyvreuse, qu'on nomme aujourd'hui, sans savoir pourquoi, Cambridge-Park; personne dans High-Street, qui s'appelait alors la Grand'Rue, ni dans Smith-Street, qui s'appelait alors la rue des Forges; personne dans Hauteville; l'Esplanade elle-même était dépeuplée. On eût dit un dimanche. Une altesse royale en visite passant la revue de la milice à l'Ancresse n'eût pas mieux vidé la ville. Tout ce dérangement à propos d'un rien du tout comme ce Gilliatt faisait hausser les épaules aux hommes graves et aux personnes correctes.

L'église de Saint-Pierre-Port, triple pignon juxtaposé avec transept et flèche, est au bord de l'eau au fond du port presque sur le débarcadère même. Elle donne la bienvenue à ceux qui arrivent et l'adieu à ceux qui s'en vont. Cette église est la majuscule de la longue ligne que fait la façade de la ville sur l'océan.

Elle est en même temps paroisse de Saint-Pierre-Port et doyenné de toute l'île. Elle a pour desservant le subrogé de l'évêque, clergyman à pleins pouvoirs.

Le havre de Saint-Pierre Port, très-beau et très-large port aujourd'hui, était à cette époque, et il y a dix ans encore, moins considérable que le havre de Saint-Sampson. C'étaient deux grosses murailles cyclopéennes courbes partant du rivage à tribord et à bâbord et se rejoignant presque à leur extrémité, où il y avait un petit phare blanc. Sous ce phare un étroit goulet, ayant encore le double anneau de la chaîne qui le fermait au moyen âge, donnait passage aux navires. Qu'on se figure une pince de homard entr'ouverte, c'était le havre de Saint-Pierre-Port. Cette tenaille prenait sur l'abîme un peu de mer qu'elle forçait à se tenir tranquille. Mais, par le vent d'est, il y avait du flot à l'entre-bâillement, le port clapotait, et il était plus sage de ne point entrer. C'est ce qu'avait fait ce jour-là le *Cashmere*. Il avait mouillé en rade.

Les navires, quand il y avait du vent d'est, prenaient volontiers ce parti qui, en outre, leur économisait les frais de port. Dans ce cas, les bateliers commissionnés de la ville, brave tribu de marins que le nouveau port a destituée, venaient prendre dans leurs barques, soit à l'embarcadère, soit aux stations de la plage, les voyageurs, et les transportaient, eux et leurs bagages, souvent par de très-grosses mers et toujours sans accident, aux navires en partance. Le vent d'est est un vent de côté, très-bon pour la traversée d'Angleterre; on roule, mais on ne tangue pas.

Quand le bâtiment en partance était dans le port, tout le monde s'embarquait dans le port; quand il était en rade, on avait le choix de s'embarquer sur un des points de la côte voisins du mouillage. On trouvait dans toutes les criques des bateliers « à volonté ».

Le Havelet était une de ces criques. Ce petit havre, havelet, était tout près de la ville, mais si solitaire qu'il en semblait très-loin. Il devait cette solitude à l'encaissement des hautes falaises du fort George qui dominent cette anse discrète. On arrivait au Havelet par plusieurs sentiers. Le plus direct longeait le bord de l'eau; il avait l'avantage de mener à la ville et à l'église en cinq minutes, et l'inconvénient d'être couvert par la lame deux fois par jour. Les autres sentiers, plus ou moins abrupts, s'enfonçaient dans les anfractuosités des escarpements. Le Havelet, même en plein jour, était dans une pénombre. Des blocs en porte-à-faux pendaient de toutes parts. Un hérissement de ronces et de broussailles s'épaississait et faisait une sorte de douce nuit sur ce désordre de roches et de vagues; rien de plus paisible que cette crique en temps calme, rien de plus tumultueux dans les grosses eaux. Il y avait là des pointes de branches perpétuellement mouillées par l'écume. Au printemps c'était plein de fleurs, de nids, de parfums, d'oiseaux, de papillons et d'abeilles. Grâce aux travaux récents, ces sauvageries n'existent plus aujourd'hui; de belles lignes droites les ont remplacées; il y a des maçonneries, des quais et des jardinets; le terrassement a sévi; le goût a fait justice des bizarreries de la montagne et de l'incorrection des rochers.

II

LES DÉSESPOIRS EN PRÉSENCE

Il était un peu moins de dix heures du matin ; *le quart avant,* comme on dit à Guernesey.

L'affluence, selon toute apparence, grossissait à Saint-Sampson. La population enfiévrée de curiosité versant toute au nord de l'île, le Havelet, qui est au sud, était plus désert que jamais.

Pourtant on y voyait un bateau, et un batelier.

Dans le bateau il y avait un sac de nuit. Le batelier semblait attendre.

On apercevait en rade le *Cashmere* à l'ancre, qui, ne devant partir qu'à midi, ne faisait encore aucune manœuvre d'appareillage.

Un passant qui, de quelqu'un des sentiers-escaliers de la falaise, eût prêté l'oreille, eût entendu un murmure de paroles dans le Havelet, et, s'il se fût penché par-dessus les surplombs, il eût vu, à quelque distance du bateau, dans un recoin de roches et de branches où ne pouvait pénétrer le regard du batelier, deux personnes, un homme et une femme, Ebenezer et Déruchette.

Ces réduits obscurs du bord de la mer, qui tentent les baigneuses, ne sont pas toujours aussi solitaires qu'on le croit. On y est quelquefois observé et écouté. Ceux qui s'y réfugient et qui s'y abritent peuvent être aisément suivis à travers les épaisseurs des végétations, et, grâce à la multiplicité et à l'enchevêtrement des sentiers, les granits et les arbres qui cachent l'aparté peuvent cacher aussi un témoin.

Déruchette et Ebenezer étaient debout en face l'un de l'autre, le regard dans le regard ; ils se tenaient les mains. Déruchette parlait. Ebenezer se taisait. Une larme amassée et arrêtée entre ses cils hésitait, et ne tombait pas.

La désolation et la passion étaient empreintes sur le front religieux d'Ebenezer. Une résignation poignante s'y ajoutait, résignation hostile à la foi, quoique venant d'elle. Sur ce visage, simplement angélique jusqu'alors, il y avait un commencement d'expression fatale. Celui qui n'avait encore médité que le dogme se mettait à méditer le sort, méditation malsaine au prêtre. La foi s'y décompose. Plier sous de l'inconnu, rien n'est plus troublant. L'homme est le patient des événements. La vie est une perpétuelle arrivée; nous la subissons. Nous ne savons jamais de quel côté viendra la brusque descente du hasard. Les catastrophes et les félicités entrent, puis sortent, comme des personnages inattendus. Elles ont leur loi, leur orbite, leur gravitation, en dehors de l'homme. La vertu n'amène pas le bonheur, le crime n'amène pas le malheur; la conscience a une logique, le sort en a une autre; nulle coïncidence. Rien ne peut être prévu. Nous vivons pêle-mêle et coup sur coup. La conscience est la ligne droite, la vie est le tourbillon. Ce tourbillon jette inopinément sur la tête de l'homme des chaos noirs et des ciels bleus. Le sort n'a point l'art des transitions. Quelquefois la roue tourne si vite que l'homme distingue à peine l'intervalle d'une péripétie à l'autre et le lien d'hier à aujourd'hui. Ebenezer était un croyant mélangé de raisonnement et un prêtre compliqué de passion. Les religions célibataires savent ce qu'elles font. Rien ne défait le prêtre comme d'aimer une femme. Toutes sortes de nuages assombrissaient Ebenezer.

Il contemplait Déruchette, trop.

Ces deux êtres s'idolâtraient.

Il y avait dans la prunelle d'Ebenezer la muette adoration du désespoir.

Déruchette disait :

— Vous ne partirez pas. Je n'en ai pas la force. Voyez-vous, j'ai cru que je pourrais vous dire adieu, je ne peux pas. On n'est pas forcé de pouvoir. Pourquoi êtes-vous venu hier ? Il ne fallait pas venir si vous vouliez vous en aller. Je ne vous ai jamais parlé. Je vous aimais, mais je ne le savais pas. Seulement, le premier jour, quand monsieur Hérode a lu l'histoire de Rebecca et que

vos yeux ont rencontré les miens, je me suis senti
les joues en feu, et j'ai pensé : Oh ! comme Rebecca
a dû devenir rouge ! C'est égal, avant-hier, on
m'aurait dit : Vous aimez le recteur, j'aurais ri.
C'est ce qu'il y a eu de terrible dans cet amour-
là. Ç'a été comme une trahison. Je n'y ai pas pris
garde. J'allais à l'église, je vous voyais, je croyais
que tout le monde était comme moi. Je ne vous
fais pas de reproche, vous n'avez rien fait pour
que je vous aime, vous ne vous êtes pas donné de
peine, vous me regardiez, ce n'est pas de votre
faute si vous regardez les personnes, et cela a fait
que je vous ai adoré. Je ne m'en doutais pas.
Quand vous preniez le livre, c'était de la lumière;
quand les autres le prenaient, ce n'était qu'un
livre. Vous leviez quelquefois les yeux sur moi.
Vous parliez des archanges, c'était vous l'archange.
Ce que vous disiez, je le pensais tout de suite.
Avant vous, je ne sais pas si je croyais en Dieu.
Depuis vous, j'étais devenue une femme qui fait
sa prière. Je disais à Douce : Habille-moi bien vite
que je ne manque pas à l'office. Et je courais à
l'église. Ainsi, être amoureuse d'un homme, c'est
cela. Je ne le savais pas. Je me disais : Comme je

deviens dévote! C'est vous qui m'avez appris que je n'allais pas à l'église pour le bon Dieu. J'y allais pour vous, c'est vrai. Vous êtes beau, vous parlez bien, quand vous leviez les bras au ciel il me semblait que vous teniez mon cœur dans vos deux mains blanches. J'étais folle, je l'ignorais. Voulez-vous que je vous dise votre faute, c'est d'être entré hier dans le jardin, c'est de m'avoir parlé. Si vous ne m'aviez rien dit, je n'aurais rien su. Vous seriez parti, j'aurais peut-être été triste, mais à présent je mourrai. A présent que je sais que je vous aime, il n'est plus possible que vous vous en alliez. A quoi pensez-vous? Vous n'avez pas l'air de m'écouter.

Ebenezer répondit :

— Vous avez entendu ce qui s'est dit hier.

— Hélas!

— Que puis-je à cela?

Ils se turent un moment. Ebenezer reprit :

— Il n'y a plus pour moi qu'une chose à faire. Partir.

— Et moi, mourir. Oh! je voudrais qu'il n'y eût pas de mer et qu'il n'y eût que le ciel. Il me semble que cela arrangerait tout, notre départ serait le même. Il ne fallait pas me parler, vous. Pourquoi m'avez-vous parlé? Alors ne vous en allez pas. Qu'est-ce que je vais devenir? Je vous dis que je mourrai. Vous serez bien avancé quand je serai dans le cimetière. Oh! j'ai le cœur brisé. Je suis bien malheureuse. Mon oncle n'est pas méchant pourtant.

C'était la première fois de sa vie que Déruchette disait en parlant de mess Lethierry, *mon oncle*. Jusque-là elle avait toujours dit *mon père*.

Ebenezer recula d'un pas et fit un signe au batelier. On entendit le bruit du croc dans les galets et le pas de l'homme sur le bord de sa barque.

— Non, non ! cria Déruchette.

Ebenezer se rapprocha d'elle.

— Il le faut, Déruchette.

— Non, jamais ! Pour une machine ! Est-ce que c'est possible? Avez-vous vu cet homme horrible hier? Vous ne pouvez pas m'abandonner. Vous avez de l'esprit, vous trouverez un moyen. Il ne se peut pas que vous m'ayez dit de venir vous trouver ici ce matin, avec l'idée que vous partiriez. Je ne vous ai rien fait. Vous n'avez pas à vous plaindre de moi. C'est par ce vaisseau-là que vous voulez vous en aller? Je ne veux pas. Vous ne me quitterez pas. On n'ouvre pas le ciel pour le refermer. Je vous dis que vous resterez. D'ailleurs, il n'est pas encore l'heure. Oh ! je t'aime.

Et, se pressant contre lui, elle lui croisa ses dix doigts derrière le cou, comme pour faire de ses bras enlacés un lien à Ebenezer et de ses mains jointes une prière à Dieu.

Il dénoua cette étreinte délicate qui résista tant qu'elle put.

Déruchette tomba assise sur une saillie de roche couverte de lierre, relevant d'un geste machinal la manche de sa robe jusqu'au coude, montrant son charmant bras nu, avec une clarté noyée et blême dans ses yeux fixes. La barque approchait.

Ebenezer lui prit la tête dans ses deux mains ; cette vierge avait l'air d'une veuve et ce jeune homme avait l'air d'un aïeul. Il lui touchait les cheveux avec une sorte de précaution religieuse; il attacha son regard sur elle pendant quelques instants, puis il déposa sur son front un de ces baisers sous lesquels il semble que devrait éclore une étoile, et, d'un accent où tremblait la suprême angoisse et où l'on sentait l'arrachement de l'âme, il lui dit ce mot, le mot des profondeurs : Adieu!

Déruchette éclata en sanglots.

En ce moment ils entendirent une voix lente et grave qui disait :

— Pourquoi ne vous mariez-vous pas?

Ebenezer tourna la tête. Déruchette leva les yeux.

Gilliatt était devant eux.

Il venait d'entrer par un sentier latéral.

Gilliatt n'était plus le même homme que la veille. Il avait peigné ses cheveux, il avait fait sa barbe, il avait mis des souliers, il avait une chemise blanche de marin à grand col rabattu, il était vêtu de ses habits de matelot les plus neufs. On voyait une bague d'or à son petit doigt. Il semblait profondément calme. Son hâle était livide.

Du bronze qui souffre, tel était ce visage.

Ils le regardèrent, stupéfaits. Quoique méconnaissable, Déruchette le reconnut. Quant aux paroles qu'il venait de dire, elles étaient si loin de ce qu'ils pensaient en ce moment-là, qu'elles avaient glissé sur leur esprit.

Gilliat reprit :

— Quel besoin avez-vous de vous dire adieu ? Mariez-vous. Vous partirez ensemble.

Déruchette tressaillit. Elle eut un tremblement de la tête aux pieds.

Gilliatt continua :

— Miss Déruchette a ses vingt et un ans. Elle ne dépend que d'elle. Son oncle n'est que son oncle. Vous vous aimez...

Déruchette interrompit doucement :

— Comment se fait-il que vous soyez ici

— Mariez-vous, poursuivit Gilliatt.

Déruchette commençait à percevoir ce que cet homme lui disait. Elle bégaya :

— Mon pauvre oncle...

— Il refuserait si le mariage était à faire, dit Gilliat, il consentira quand le mariage sera fait. D'ailleurs vous allez partir. Quand vous reviendrez, il pardonnera.

Gilliatt ajouta avec une nuance amère : — Et puis, il ne pense déjà plus qu'à rebâtir son bateau. Cela l'occupera pendant votre absence. Il a la Durande pour le consoler.

— Je ne voudrais pas, balbutia Déruchette,

dans une stupeur où l'on sentait de la joie, laisser derrière moi des chagrins.

— Ils ne dureront pas longtemps, dit Gilliatt.

Ebenezer et Déruchette avaient eu comme un éblouissement. Ils se remettaient maintenant. Dans leur trouble décroissant, le sens des paroles de Gilliatt leur apparaissait. Un nuage y restait mêlé, mais leur affaire à eux n'était pas de résister. On se laisse faire à qui sauve. Les objections à la rentrée dans l'Éden sont molles. Il y avait dans l'attitude de Déruchette, imperceptiblement appuyée sur Ebenezer, quelque chose qui faisait cause commune avec ce que disait Gilliatt. Quant à l'énigme de la présence de cet homme et de ses paroles qui, dans l'esprit de Déruchette en particulier, produisaient plusieurs sortes d'étonnements, c'étaient des questions à côté. Cet homme leur disait : Mariez-vous. Ceci était clair. S'il y avait une responsabilité, il la prenait. Déruchette sentait confusément que, pour des raisons diverses, il en avait le droit. Ce qu'il disait de mess Lethierry était vrai. Ebenezer pensif murmura : Un oncle n'est pas un père.

Il subissait la corruption d'une péripétie heureuse et soudaine. Les scrupules probables du prêtre fondaient et se dissolvaient dans ce pauvre cœur amoureux.

La voix de Gilliatt devint brève et dure et l'on y sentait comme des pulsations de fièvre :

— Tout de suite. Le *Cashmere* part dans deux heures. Vous avez le temps, mais vous n'avez que le temps ; venez.

Ebenezer le considérait attentivement.

Tout à coup il s'écria :

— Je vous reconnais. C'est vous qui m'avez sauvé la vie.

Gilliatt répondit :

— Je ne crois pas.

— Là-bas, à la pointe des Banques.

— Je ne connais pas cet endroit-là.

— C'est le jour même que j'arrivais.

— Ne perdons pas le temps, dit Gilliatt.

— Et, je ne me trompe pas, vous êtes l'homme d'hier soir.

— Peut-être.

— Comment vous appelez-vous ?

Gilliatt haussa la voix :

— Batelier, attendez-nous. Nous allons revenir.

Miss, vous m'avez demandé comment il se faisait que j'étais ici, c'est bien simple, je marchais derrière vous. Vous avez vingt et un ans. Dans ce pays-ci, quand les personnes sont majeures et dépendent d'elles-mêmes, on se marie en un quart d'heure. Prenons le sentier du bord de l'eau. Il est praticable, la mer ne montera qu'à midi. Mais tout de suite. Venez avec moi.

Déruchette et Ebenezer semblaient se consulter du regard. Ils étaient debout l'un près de l'autre, sans bouger ; ils étaient comme ivres. Il y a de ces hésitations étranges au bord de cet abîme, le bonheur. Ils comprenaient sans comprendre.

— Il s'appelle Gilliatt, dit Déruchette bas à Ebenezer.

Gilliatt reprit avec une sorte d'autorité :

— Qu'attendez-vous ? je vous dis de me suivre.

— Où ? demanda Ebenezer.

— Là.

Et Gilliatt montra du doigt le clocher de l'église.

Ils le suivirent.

Gilliatt allait devant. Son pas était ferme. Eux ils chancelaient.

A mesure qu'ils avançaient vers le clocher, on voyait poindre sur ces purs et beaux visages d'Ebenezer et de Déruchette quelque chose qui serait bientôt le sourire. L'approche de l'église les éclairait. Dans l'œil creux de Gilliatt il y avait de la nuit.

On eût dit un spectre menant deux âmes au paradis.

Ebenezer et Déruchette ne se rendaient pas bien compte de ce qui allait arriver. L'intervention de cet homme était la branche où se raccroche le noyé. Ils suivaient Gilliatt avec la docilité du désespoir pour le premier venu. Qui se sent mourir n'est pas difficile sur l'acceptation des incidents. Déruchette, plus ignorante, était plus confiante. Ebenezer songeait. Déruchette était majeure. Les formalités du mariage anglais sont très-simples, surtout dans les pays autochthones où les recteurs de paroisse ont un pouvoir presque discrétionnaire ; mais le doyen néanmoins consentirait-il à célébrer le mariage sans même s'informer si l'oncle consentait? Il y avait là une question. Pourtant, on pouvait essayer. Dans tous les cas, c'était un sursis.

Mais qu'était-ce que cet homme ; et si c'était lui en effet que la veille mess Lethierry avait déclaré son gendre, comment s'expliquer ce qu'il faisait là? Lui, l'obstacle, il se changeait en providence. Ebenzeer s'y prêtait, mais il donnait à ce qui se passait le consentement tacite et rapide de l'homme qui se sent sauvé.

Le sentier était inégal, parfois mouillé et difficile. Ebenezer, absorbé, ne faisait pas attention aux flaques d'eau et aux blocs de galets. De temps en temps, Gilliatt se retournait et disait à Ebenezer : — Prenez garde à ces pierres, donnez-lui la main.

III

LA PRÉVOYANCE DE L'ABNÉGATION.

Dix heures et demie sonnaient comme ils entraient dans l'église.

A cause de l'heure, et aussi à cause de la solitude de la ville ce jour-là, l'église était vide.

Au fond pourtant, près de la table qui, dans les églises réformées, remplace l'autel, il y avait trois personnes; c'étaient le doyen et son évangéliste; plus le registraire. Le doyen, qui était le révérend Jacquemin Hérode, était assis; l'évangéliste et le registraire étaient debout.

Le Livre, ouvert, était sur la table.

A côté, sur une crédence, s'étalait un autre livre, le registre de paroisse, ouvert également, et sur lequel un œil attentif eût pu remarquer une page fraîchement écrite et dont l'encre n'était pas encore séchée. Une plume et une écritoire étaient à côté du registre.

En voyant entrer le révérend Ebenezer Caudray, le révérend Jacquemin Hérode se leva.

— Je vous attends, dit-il. Tout est prêt.

Le doyen, en effet, était en robe d'officiant.

Ebenezer regarda Gilliatt.

Le révérend doyen ajouta :

— Je suis à vos ordres, mon collègue.

Et il salua.

Ce salut ne s'égara ni à droite ni à gauche. Il était évident, à la direction du rayon visuel du doyen, que pour lui Ebenezer seul existait. Ebenezer était clergyman et gentleman. Le doyen ne comprenait dans sa salutation ni Déruchette qui était à côté, ni Gilliatt qui était en arrière. Il y avait dans son regard une parenthèse où le seul Ebenezer était admis. Le maintien de ces nuances fait partie du bon ordre et consolide les sociétés.

Le doyen reprit avec une aménité gracieusement altière :

— Mon collègue, je vous fais mon double compliment. Votre oncle est mort et vous prenez femme ; vous voilà riche par l'un et heureux par l'autre. Du reste, maintenant, grâce à ce bateau à vapeur qu'on va rétablir, miss Lethierry aussi est riche, ce que j'approuve. Miss Lethierry est née sur cette paroisse, j'ai vérifié la date de sa naissance sur le registre. Miss Lethierry est majeure, et s'appartient. D'ailleurs son oncle, qui est toute sa famille, consent. Vous voulez vous marier tout de suite à cause de votre départ, je le comprends, mais, ce mariage étant d'un recteur de paroisse, j'aurais souhaité un peu de solennité. J'abrégerai pour vous être agréable. L'essentiel peut tenir dans le sommaire. L'acte est déjà tout dressé sur le registre que voici, et il n'y a que les noms à remplir. Aux termes de la loi et coutume, le mariage peut être célébré immédiatement après l'inscription. La déclaration voulue pour la licence a été dûment faite. Je prends sur moi une petite irrégularité, car la demande de licence eût dû être préalablement enregistrée sept jours d'avance; mais je me rends à la nécessité et à l'urgence de votre départ. Soit. Je vais vous marier. Mon évangéliste sera le témoin de l'époux; quant au témoin de l'épouse...

Le doyen se tourna vers Gilliatt.

Gilliatt fit un signe de tête.

— Cela suffit, dit le doyen.

Ebenezer restait immobile. Déruchette était l'extase, pétrifiée.

Le doyen continua :

— Maintenant, toutefois, il y a un obstacle.

Déruchette fit un mouvement.

Le doyen poursuivit :

— L'envoyé, ici présent, de mess Lethierry, lequel envoyé a demandé pour vous la licence et a signé la déclaration sur le registre, — et du pouce de sa main gauche le doyen désigna Gilliatt, ce qui l'exemptait d'articuler ce nom quelconque, — l'envoyé de mess Lethierry m'a dit ce matin que mess Lethierry, trop occupé pour venir en personne, désirait que le mariage se fît incontinent. Ce désir, exprimé verbalement, n'est point assez. Je ne saurais, à cause des dispenses à accorder et de l'irrégularité que je prends sur moi, passer outre si vite sans m'informer près de mess Lethierry, à moins qu'on ne me montre sa signature. Quelle que soit ma bonne volonté, je ne puis me contenter d'une parole qu'on vient me redire. Il me faudrait quelque chose d'écrit.

— Qu'à cela ne tienne, dit Gilliatt.

Et il présenta au révérend doyen un papier.

Le doyen se saisit du papier, le parcourut d'un coup d'œil, sembla passer quelques lignes, sans doute inutiles, et lut tout haut :

— « ... Va chez le doyen pour avoir les dispenses. Je désire que le mariage se fasse le plus tôt possible. Tout de suite serait le mieux. »

Il posa le papier sur la table, et poursuivit :

— Signé Lethierry. La chose serait plus respectueusement adressée à moi. Mais puisqu'il s'agit d'un collègue, je n'en demande pas davantage.

Ebenezer regarda de nouveau Gilliatt. Il y a des ententes d'âmes. Ebenezer sentait là une fraude; et il n'eut pas la force, il n'eut peut-être pas même l'idée, de la dénoncer. Soit obéissance à un héroïsme latent qu'il entrevoyait, soit étourdissement de la conscience par le coup de foudre du bonheur, il demeura sans paroles.

Le doyen prit la plume et remplit, aidé du registraire, les blancs de la page écrite sur le registre, puis il se redressa, et, du geste, invita Ebenezer et Déruchette à s'approcher de la table.

La cérémonie commença.

Ce fut un moment étrange.

Ebenezer et Déruchette étaient l'un près de l'autre devant le ministre. Quiconque a fait un songe où il s'est marié a éprouvé ce qu'ils éprouvaient.

Gilliatt était à quelque distance dans l'obscurité des piliers.

Déruchette le matin en se levant, désespérée, pensant au cercueil et au suaire, s'était vêtue de blanc. Cette idée de deuil fut à propos pour la noce. La robe blanche fait tout de suite une fiancée. La tombe aussi est une fiançaille.

Un rayonnement se dégageait de Déruchette. Jamais elle n'avait été ce qu'elle était en cet instant-là. Déruchette avait ce défaut d'être peut-être trop jolie et pas assez belle. Sa beauté péchait si c'est là pécher, par excès de grâce. Déruchette au repos, c'est-à-dire en dehors de la passion et de la douleur, était, nous avons indiqué ce détail, surtout gentille. La transfiguration de la fille charmante, c'est la vierge idéale. Déruchette, grandie par l'amour et par la souffrance, avait eu, qu'on nous passe le mot, cet avancement. Elle avait la même candeur avec plus de dignité, la même fraîcheur avec plus de parfum. C'était quelque chose comme une pâquerette qui deviendrait un lys.

La moiteur des pleurs taris était sur ses joues. Il y avait peut-être encore une larme dans le coin du sourire. Les larmes séchées, vaguement visibles, sont une sombre et douce parure au bonheur.

Le doyen, debout près de la table, posa un doigt sur la bible ouverte et demanda à haute voix :

— Y a-t-il opposition?

Personne ne répondit.

— Amen, dit le doyen.

Ebenezer et Déruchette avancèrent d'un pas vers le révérend Jaquemin Hérode.

Le doyen dit :

— Joë Ebenezer Caudray, veux-tu avoir cette femme pour ton épouse?

Ebenezer répondit :

— Je le veux.

Le doyen reprit :

— Durande Déruchette Lethierry, veux-tu avoir cet homme pour ton mari ?

Déruchette, dans l'agonie de l'âme sous trop de joie comme de la lampe sous trop d'huile, murmura plutôt qu'elle ne prononça : — Je le veux.

Alors, suivant le beau rite du mariage anglican, le doyen regarda autour de lui et fit dans l'ombre de l'église cette demande solennelle :

— Qui est-ce qui donne cette femme à cet homme ?

— Moi, dit Gilliatt.

Il y eut un silence. Ebenezer et Déruchette sentirent on ne sait quelle vague oppression à travers leur ravissement.

Le doyen mit la main droite de Déruchette dans la main droite d'Ebenezer, et Ebenezer dit à Déruchette :

— Déruchette, je te prends pour ma femme,

soit que tu sois meilleure ou pire, plus riche ou plus pauvre, en maladie ou en santé, pour t'aimer jusqu'à la mort, et je te donne ma foi.

Le doyen mit la main droite d'Ebenezer dans la main droite de Déruchette, et Déruchette dit à Ebenezer :

— Ebenezer, je te prends pour mon mari, soit que tu sois meilleur ou pire, plus riche ou plus pauvre, en maladie ou en santé, pour t'aimer et t'obéir jusqu'à la mort, et je te donne ma foi.

Le doyen reprit :

— Où est l'anneau ?

Ceci était l'imprévu. Ebenezer, pris au dépourvu, n'avait pas d'anneau.

Gilliatt ôta la bague d'or qu'il avait au petit doigt, et la présenta au doyen. C'était probablement l'anneau « de mariage » acheté le matin au bijoutier de Commercial-Arcade.

Le doyen posa l'anneau sur le livre, puis le remit à Ebenezer.

Ebenezer prit la petite main gauche, toute tremblante, de Déruchette, passa l'anneau au quatrième doigt, et dit :

— Je t'épouse avec cet anneau.

— Au nom du Père, du Fils et du Saint-Esprit, dit le doyen.

— Que cela soit ainsi, dit l'évangéliste.

Le doyen éleva la voix :

— Vous êtes époux.

— Que cela soit, dit l'évangéliste.

Le doyen reprit :

— Prions.

Ebenezer et Déruchette se retournèrent vers la table et se mirent à genoux.

Gilliatt, resté debout, baissa la tête.

Eux s'agenouillaient devant Dieu, lui se courbait sous la destinée.

IV

POUR TA FEMME, QUAND TU TE MARIERAS

A leur sortie de l'église, ils virent le *Cashmere* qui commençait à appareiller.

— Vous êtes à temps, dit Gilliatt.

Ils reprirent le sentier du Havelet.

Ils allaient devant, Gilliatt maintenant marchait derrière.

C'étaient deux somnambules. Ils n'avaient pour ainsi dire que changé d'égarement. Ils ne savaient ni où ils étaient, ni ce qu'ils faisaient ; ils se hâtaient machinalement, ils ne se souvenaient plus de l'existence de rien, ils se sentaient l'un à l'autre, ils ne pouvaient lier deux idées. On ne pense pas plus dans l'extase qu'on ne nage dans le torrent. Du milieu des ténèbres, ils étaient tombés brusquement dans un Niagara de joie. On pourrait dire qu'ils subissaient l'emparadisement. Ils ne se parlaient point, se disant trop de choses avec l'âme. Déruchette serrait contre elle le bras d'Ebenezer.

Le pas de Gilliatt derrière eux leur faisait par moments songer qu'il était là. Ils étaient profondément émus, mais sans dire mot ; l'excès d'émotion se résout en stupeur. La leur était délicieuse, mais accablante. Ils étaient mariés. Ils ajournaient, on se reverrait, ce que Gilliatt faisait était bien, voilà tout. Le fond de ces deux cœurs le remerciait ardemment et vaguement. Déruchette se disait qu'elle avait là quelque chose à débrouiller, plus tard. En attendant, ils acceptaient. Ils se sentaient à la discrétion de cet homme décisif et subit, qui, d'autorité, faisait leur bonheur. Lui adresser des questions, causer avec lui, était impossible. Trop d'impressions se précipitaient sur eux à la fois. Leur engloutissement est pardonnable.

Les faits sont parfois une grêle. Ils vous criblent. Cela assourdit. La brusquerie des incidents tombant dans des existences habituellement calmes rend très-vite les événements inintelligibles à ceux qui en souffrent ou qui en profitent. On n'est pas au fait de sa propre aventure. On est écrasé sans deviner ; on est couronné sans comprendre. Déruchette, en particulier, depuis quelques heures, avait reçu toutes les commotions; d'abord l'éblouissement, Ebenezer dans le jardin ; puis le cauchemar, ce monstre déclaré son mari ; puis la désolation, l'ange ouvrant ses ailes et prêt à partir ; maintenant c'était la joie, une joie inouïe, avec un fond indéchiffrable : le monstre lui donnant l'ange, à elle Déruchette ; le mariage sortant de l'agonie ; ce Gilliatt, la catastrophe d'hier, le salut d'aujourd'hui. Elle ne se rendait compte de rien. Il était évident que depuis le matin Gilliatt n'avait eu d'autre occupation que de les marier ; il avait tout fait ; il avait répondu pour mess Lethierry, vu le doyen, demandé la licence, signé la déclaration voulue ; voilà comment le mariage avait pu s'accomplir. Mais Déruchette ne le comprenait pas ; d'ailleurs, lors même qu'elle eût compris comment, elle n'eût pas compris pourquoi.

Fermer les yeux, rendre grâce mentalement, oublier la terre et la vie, se laisser emporter au ciel par ce bon démon, il n'y avait que cela à faire. Un éclaircissement était trop long, un remercîment était trop peu. Elle se taisait dans ce doux abrutissement du bonheur.

Un peu de pensée leur restait, assez pour se conduire. Sous l'eau il y a des parties de l'éponge qui demeurent blanches. Ils avaient juste la quantité de lucidité qu'il fallait pour distinguer la mer de la terre et le *Cashmere* de tout autre navire.

En quelques minutes, ils furent au Havelet.

Ebenezer entra le premier dans le bateau. Au moment où Déruchette allait le suivre, elle eut la sensation de sa manche doucement retenue. C'était Gilliatt qui avait posé un doigt sur un pli de sa robe.

— Madame, dit-il, vous ne vous attendiez pas à partir. J'ai pensé que vous auriez peut-être besoin de robes et de linge. Vous trouverez à bord du *Cashmere* un coffre qui contient des objets pour femme. Ce coffre me vient de ma mère. Il était destiné à la femme que j'épouserais. Permettez-moi de vous l'offrir.

Déruchette se réveilla à demi de son rêve. Elle se tourna vers Gilliatt. Gilliatt, d'une voix basse et qu'on entendait à peine, continua :

— Maintenant, ce n'est pas pour vous retarder, mais voyez-vous, madame, je crois qu'il faut que je vous explique. Le jour qu'il y a eu ce malheur, vous étiez assise dans la salle basse, vous avez dit une parole. Vous ne vous souvenez pas, c'est tout simple. On n'est pas forcé de se souvenir de tous les mots qu'on dit. Mess Lethierry avait beaucoup de chagrin. Il est certain que c'était un bon bateau, et qui rendait des services. Le malheur de la mer était arrivé; il y avait de l'émotion dans le pays. Ce sont là des choses, naturellement, qu'on a oubliées. Il n'y a pas eu que ce navire-là perdu dans les rochers. On ne peut pas penser toujours à un accident. Seulement ce que je voulais vous dire, c'est que, comme on disait personne n'ira, j'y suis allé. Ils disaient c'est impossible; ce n'était pas cela qui était impossible. Je vous remercie de m'écouter un petit instant. Vous comprenez, madame, si je suis allé là, ce n'était pas pour vous offenser. D'ailleurs la chose date de très-loin. Je sais que vous êtes pressée. Si on avait le temps, si on parlait, on se souviendrait, mais cela ne sert à rien. La chose remonte à un jour où il y avait de la neige. Et puis, une fois que je passais, j'ai cru que vous aviez souri. C'est comme ça que ça s'explique. Quant à hier, je n'avais pas eu le temps de rentrer chez moi, je sortais du travail, j'étais tout déchiré, je vous ai fait peur, vous vous êtes trouvé mal, j'ai eu tort, on n'arrive pas ainsi chez les personnes, je vous prie de ne pas m'en vouloir. C'est à peu près tout ce que je voulais dire. Vous allez partir. Vous aurez beau temps. Le vent est à l'est. Adieu, madame. Vous trouvez juste que je vous parle un peu, n'est-ce pas? ceci est une dernière minute.

— Je pense à ce coffre, répondit Déruchette. Mais pourquoi ne pas le garder pour votre femme, quand vous vous marierez?

— Madame, dit Gilliatt, je ne me marierai probablement pas.

— Ce sera dommage, car vous êtes bon. Merci.

Et Déruchette sourit. Gilliatt lui rendit ce sourire.

Puis il aida Déruchette à entrer dans le canot.

Moins d'un quart d'heure après, le bateau où étaient Ebenezer et Déruchette abordait en rade le *Cashmere.*

V

LA GRANDE TOMBE

Gilliatt suivit le bord de l'eau, passa rapidement dans Saint-Pierre-Port, puis se remit à marcher vers Saint-Sampson le long de la mer, se dérobant aux rencontres, évitant les routes, pleines de passants par sa faute.

Dès longtemps, on le sait, il avait une manière à lui de traverser dans tous les sens le pays sans être vu de personne. Il connaissait des sentiers, il s'était fait des itinéraires isolés et serpentants; il avait l'habitude farouche de l'être qui ne se sent pas aimé; il restait lointain. Tout enfant, voyant peu d'accueil dans les visages des hommes, il avait pris ce pli, qui depuis était devenu son instinct, de se tenir à l'écart.

Il dépassa l'Esplanade, puis la Salerie. De temps en temps, il se retournait et regardait, en arrière de lui, dans la rade, le *Cashmere,* qui venait de mettre à la voile. Il y avait peu de vent, Gilliatt allait plus vite que le *Cashmere*. Gilliatt marchait dans les roches extrêmes du bord de l'eau, la tête baissée. Le flux commençait à monter.

A un certain moment il s'arrêta et, tournant le dos à la mer, il considéra pendant quelques minutes, au delà des rochers cachant la route du Valle, un bouquet de chênes. C'étaient les chênes du lieu dit les Basses-Maisons. Là, autrefois, sous ces arbres, le doigt de Déruchette avait écrit son nom, *Gilliatt,* sur la neige. Il y avait longtemps que cette neige était fondue.

Il poursuivit son chemin.

La journée était charmante plus qu'aucune qu'il y eût encore eu cette année-là. Cette matinée avait on ne sait quoi de nuptial. C'était un de ces jours printaniers où mai se dépense tout entier ; la création semble n'avoir d'autre but que de se donner une fête et de faire son bonheur. Sous toutes les rumeurs, de la forêt comme du village, de la vague comme de l'atmosphère, il y avait un roucoulement. Les premiers papillons se posaient sur les premières roses. Tout était neuf dans la nature, les herbes, les mousses, les feuilles, les parfums, les rayons. Il semblait que le soleil n'eût jamais servi. Les cailloux étaient lavés de frais. La profonde chanson des arbres était chantée par des oiseaux nés d'hier. Il est probable que leur coquille d'œuf cassée par leur petit bec était encore dans le nid. Des essais d'ailes bruissaient dans le tremblement des branches. Ils chantaient leur premier chant, ils volaient leur premier vol. C'était un doux parlage de tous à la fois, huppes, mésanges, piquebois, chardonnerets, bouvreuils, moines et misses. Les lilas, les muguets, les daphnés, les glycines, faisaient dans les fourrés un bariolage exquis. Une très-jolie lentille d'eau qu'il y a à Guernesey couvrait les mares d'une nappe d'émeraude. Les bergeronnettes et les épluque-pommiers, qui font de si gracieux petits nids, s'y baignaient. Par toutes les claires-voies de la végétation on apercevait le bleu du ciel. Quelques nuées lascives s'entre-poursuivaient dans l'azur avec des ondoiements de nymphes. On croyait sentir passer des baisers que s'envoyaient des bouches invisibles. Pas un vieux mur qui n'eût, comme un marié, son bouquet de giroflées. Les prunelliers étaient en fleur, les cytises étaient en fleur; on voyait ces monceaux blancs qui luisaient et ces monceaux jaunes qui étincelaient à travers les entre-croisements des rameaux. Le printemps jetait tout son argent et tout son or dans l'immense panier percé des bois. Les pousses nouvelles étaient toutes fraîches vertes. On entendait en l'air des cris de bienvenue. L'été hospitalier ouvrait sa porte aux oiseaux lointains. C'était l'instant de l'arrivée des hirondelles. Les thyrses des ajoncs bordaient les talus des chemins creux, en attendant les thyrses des aubépines. Le beau et le joli faisaient bon voisinage; le superbe se complétait par le gracieux; le grand ne gênait pas le petit; aucune note du concert ne se perdait; les magnificences microscopiques étaient à leur plan dans la vaste beauté universelle; on distinguait tout comme dans une eau limpide. Partout une divine plénitude et un gonflement mystérieux faisait deviner l'effort panique et sacré de la séve en travail. Qui brillait, brillait plus; qui aimait, aimait mieux. Il y avait de l'hymne dans la fleur et du rayonnement dans le bruit. La grande harmonie diffuse s'épanouissait. Ce qui commence à poindre provoquait ce qui commence à sourdre. Un trouble, qui venait d'en bas, et qui venait aussi d'en haut, remuait vaguement les cœurs, corruptibles à l'influence éparse et souterraine des germes. La fleur promettait obscurément le fruit, toute vierge songeait, la reproduction des êtres, préméditée par l'immense âme de l'ombre, s'ébauchait dans l'irradiation des choses. On se fiançait partout. On s'épousait sans fin. La vie, qui est la femelle, s'accouplait avec l'infini, qui est le mâle. Il faisait beau, il faisait clair, il faisait chaud; à travers les haies, dans les enclos, on voyait rire les enfants. Quelques-uns jouaient aux merelles. Les pommiers, les pêchers, les cerisiers, les poiriers, couvraient les vergers de leurs grosses touffes pâles ou vermeilles. Dans l'herbe, primevères, pervenches, achillées, marguerites, amaryllis, jacinthes, et les violettes, et les véroniques. Les bourraches bleues, les iris jaunes, pullulaient, avec ces belles petites étoiles roses qui fleurissent toujours en troupe et qu'on appelle pour cela « les compagnons ». Des bêtes toutes dorées couraient entre les pierres. Les joubarbes en floraison empourpraient les toits de chaume. Les travailleuses des ruches étaient dehors.. L'abeille était à la besogne. L'étendue était pleine du murmure des mers et du bourdonnement des mouches. La nature, perméable au printemps, était moite de volupté.

Quand Gilliatt arriva à Saint-Sampson, il n'y avait pas encore d'eau au fond du port, et il put le traverser à pied sec, inaperçu derrière les coques de navires au radoub. Un cordon de pierres plates espacées qu'il y a là aide à ce passage.

Gilliatt ne fut pas remarqué. La foule était à l'autre bout du port, près du goulet, aux Bravées. Là son nom était dans toutes les bouches. On parlait tant de lui qu'on ne fit pas attention à lui. Gilliatt passa, caché en quelque sorte par le bruit qu'il faisait.

Il vit de loin la panse à la place où il l'avait

amarrée, la cheminée de la machine entre ses quatre chaînes, un mouvement de charpentiers à l'ouvrage, des silhouettes confuses d'allants et venants, et il entendit la voix tonnante et joyeuse de mess Lethierry donnant des ordres.

Il s'enfonça dans les ruettes.

Il n'y avait personne derrière les Bravées, toute la curiosité étant sur le devant. Gilliatt prit le sentier longeant le mur bas du jardin. Il s'arrêta dans l'angle où était la mauve sauvage ; il revit la pierre où il s'était assis ; il revit le banc de bois où s'était assise Déruchette. Il regarda la terre de l'allée où il avait vu s'embrasser deux ombres, qui avaient disparu.

Il se remit en marche. Il gravit la colline du château du Valle, puis la redescendit, et se dirigea vers le Bû de la Rue.

Le Houmet-Paradis était solitaire.

Sa maison était telle qu'il l'avait laissée le matin après s'être habillé pour aller à Saint-Pierre-Port.

Une fenêtre était ouverte. Par cette fenêtre on voyait le bug-pipe accroché à un clou de la muraille.

On apercevait sur la table la petite bible donnée en remercîment à Gilliatt par un inconnu, qui était Ebenezer.

La clef était à la porte. Gilliatt approcha, posa la main sur cette clef, ferma la porte à double tour, mit la clef dans sa poche, et s'éloigna.

Il s'éloigna, non du côté de la terre, mais du côté de la mer.

Il traversa diagonalement son jardin, par le plus court, sans précaution pour les plates-bandes, en ayant soin toutefois de ne pas écraser les seakales, qu'il avait plantés parce que c'était un goût de Déruchette.

Il franchit le parapet et descendit dans les brisants.

Il se mit à suivre, allant toujours devant lui, la longue et étroite ligne de récifs qui liait le Bû de la Rue à ce gros obélisque de granit debout au milieu de la mer qu'on appelait la Corne de la Bête. C'est là qu'était la Chaise Gild-Holm-'Ur.

Il enjambait d'un récif à l'autre comme un géant sur des cimes. Faire ces enjambées sur une crête de brisants, cela ressemble à marcher sur l'arête d'un toit.

Une pêcheuse à la trouble qui rôdait pieds nus dans les flaques d'eau à quelque distance, et qui regagnait le rivage, lui cria : Prenez garde. La mer arrive.

Il continua d'avancer.

Parvenu à ce grand rocher de la pointe, la Corne, qui faisait pinacle sur la mer, il s'arrêta. La terre finissait là. C'était l'extrémité du petit promontoire.

Il regarda.

Au large, quelques barques, à l'ancre, pêchaient. On voyait de temps en temps sur ces bateaux des ruissellements d'argent au soleil qui étaient la sortie de l'eau des filets. Le *Cashmere* n'était pas encore à la hauteur de Saint-Sampson ; il avait déployé son grand hunier. Il était entre Herm et Jethou.

Gilliatt tourna le rocher. Il parvint sous la Chaise Gild-Holm-'Ur, au pied de cette espèce d'escalier abrupt que, moins de trois mois auparavant, il avait aidé Ebenezer à descendre. Il le monta.

La plupart des degrés étaient déjà sous l'eau. Deux ou trois seulement étaient encore à sec. Il les escalada.

Ces degrés menaient à la Chaise Gild-Holm-'Ur. Il arriva à la Chaise, la considéra un moment, appuya sa main sur ses yeux et la fit lentement glisser d'un sourcil à l'autre, geste par lequel il semble qu'on essuie le passé, puis il s'assit dans ce creux de roche, avec l'escarpement derrière son dos et l'océan sous ses pieds.

Le *Cashmere* en ce moment-là élongeait la grosse tour ronde immergée, gardée par un sergent et un canon, qui marque dans la rade la mi-chemin entre Herm et Saint-Pierre-Port.

Au-dessus de la tête de Gilliatt, dans les fentes, quelques fleurs de rochers frissonnaient. L'eau était bleue à perte de vue. Le vent étant d'est, il y avait peu de ressac autour de Serk, dont on ne voit de Guernesey que la côte occidentale. On apercevait au loin la France comme une brume et la longue bande jaune des sables de Carteret. Par instants, un papillon blanc passait. Les papillons ont la manie de se promener sur la mer.

La brise était très-faible. Tout ce bleu, en bas comme en haut, était immobile. Aucun tremblement n'agitait ces espèces de serpents d'un azur plus clair ou plus foncé qui marquent à la surface de la mer les torsions latentes des bas-fonds.

Le *Cashmere*, peu poussé du vent, avait, pour saisir la brise, hissé ses bonnettes de hune. Il s'était couvert de toile. Mais le vent étant de travers, l'effet des bonnettes le forçait à serrer de très-près la côte de Guernesey. Il avait franchi la balise de Saint-Sampson. Il atteignait la colline du château du Valle. Le moment arrivait où il allait doubler la pointe du Bû de la Rue.

Gilliatt le regardait venir.

L'air et la vague étaient comme assoupis. La marée se faisait, non par lame, mais par gonflement. Le niveau de l'eau se haussait sans palpitation. La rumeur du large, éteinte, ressemblait à un souffle d'enfant.

On entendait dans la direction du havre de Saint-Sampson de petits coups sourds, qui étaient des coups de marteau. C'étaient probablement les charpentiers dressant les palans et le fardier pour retirer de la panse la machine. Ces bruits parvenaient à peine à Gilliatt, à cause de la masse de granit à laquelle il était adossé.

Le *Cashmere* approchait avec une lenteur de fantôme.

Gilliatt attendait.

Tout à coup un clapotement et une sensation de froid le firent regarder en bas. Le flot lui touchait les pieds.

Il baissa les yeux, puis les releva.

Le *Cashmere* était tout près.

L'escarpement où les pluies avaient creusé la Chaise Gild-Holm-'Ur était si vertical, et il y avait là tant d'eau, que les navires pouvaient sans danger, par les temps calmes, faire chenal à quelques encâblures du rocher.

Le *Cashmere* arriva. Il surgit, il se dressa. Il semblait croître sur l'eau. Ce fut comme le grandissement d'une ombre. Le gréement se détacha en noir sur le ciel dans le magnifique balancement de la mer. Les longues voiles, un moment superposées au soleil, devinrent presque roses et eurent une transparence ineffable. Les flots avaient un murmure indistinct. Aucun bruit ne troublait le glissement majestueux de cette silhouette. On voyait sur le pont comme si on y eût été.

Le *Cashmere* rasa presque la roche.

Le timonier était à la barre, un mousse grimpait aux haubans, quelques passagers, accoudés au bordage, considéraient la sérénité du temps, le capitaine fumait. Mais ce n'était rien de tout cela que voyait Gilliatt.

Il y avait sur le pont un coin plein de soleil. C'était là ce qu'il regardait. Dans ce soleil étaient Ebenezer et Déruchette. Ils étaient assis dans cette lumière, lui près d'elle. Ils se blottissaient gracieusement côte à côte, comme deux oiseaux se chauffant à un rayon de midi, sur un de ces bancs couverts d'un petit plafond goudronné que les navires bien aménagés offrent aux voyageurs et sur lesquels on lit, quand c'est un bâtiment anglais : *For ladies only*. La tête de Déruchette était sur l'épaule d'Ebenezer, le bras d'Ebenezer était derrière la taille de Déruchette ; ils se tenaient les mains, les doigts entre-croisés dans les doigts. Les nuances d'un ange à l'autre étaient saisissables sur ces deux exquises figures faites d'innocence. L'une était plus virginale, l'autre plus sidérale. Leur chaste embrassement était expressif. Tout l'hyménée était là, toute la pudeur aussi. Ce banc était déjà une alcôve et presque un nid. En même temps, c'était une gloire ; la douce gloire de l'amour en fuite dans un nuage.

Le silence était céleste.

L'œil d'Ebenezer rendait grâce et contemplait; les lèvres de Déruchette remuaient; et dans ce charmant silence, comme le vent portait du côté de terre, à l'instant rapide où le sloop glissa à quelques toises de la Chaise Gild-Holm-'Ur, Gilliatt entendit la voix tendre et délicate de Déruchette qui disait :

— Vois donc. Il semblerait qu'il y a un homme dans le rocher.

Cette apparition passa.

Le *Cashmere* laissa la pointe du Bû de la Rue derrière lui et s'enfonça dans le plissement profond des vagues. En moins d'un quart d'heure, sa mâture et ses voiles ne firent plus sur la mer qu'une sorte d'obélisque blanc décroissant à l'horizon. Gilliatt avait de l'eau jusqu'aux genoux.

Il regardait le sloop s'éloigner.

La brise fraîchit au large. Il put voir le *Cashmere* hisser ses bonnettes basses et ses focs pour profiter de cette augmentation de vent. Le *Cashmere* était déjà hors des eaux de Guernesey. Gilliatt ne le quittait pas des yeux.

Le flot lui arrivait à la ceinture.

La marée s'élevait. Le temps passait.

Les mauves et les cormorans volaient autour de lui, inquiets. On eût dit qu'ils cherchaient à l'avertir. Peut-être y avait-il dans ces volées d'oiseaux quelque mouette venue des Douvres, qui le reconnaissait.

Une heure s'écoula.

Le vent du large ne se faisait pas sentir dans la rade, mais la diminution du *Cashmere* était rapide. Le sloop était, selon toute apparence, en pleine vitesse. Il atteignait déjà presque la hauteur des Casquets.

Il n'y avait pas d'écume autour du rocher Gild-Holm-'Ur, aucune lame ne battait le granit. L'eau s'enflait paisiblement. Elle atteignait presque les épaules de Gilliatt.

Une autre heure s'écoula.

Le *Cashmere* était au delà des eaux d'Aurigny. Le rocher Ortach le cacha un moment. Il entra dans l'occultation de cette roche, puis en ressortit, comme d'une éclipse. Le sloop fuyait au nord. Il gagna la haute mer. Il n'était plus qu'un point ayant, à cause du soleil, la scintillation d'une lumière.

Les oiseaux jetaient de petits cris à Gilliatt.

On ne voyait plus que sa tête.

La mer montait avec une douceur sinistre.

Gilliatt, immobile, regardait le *Cashmere* s'évanouir.

Le flux était presque à son plein. Le soir approchait. Derrière Gilliatt, dans la rade, quelques bateaux de pêche rentraient.

L'œil de Gilliatt, attaché au loin sur le sloop, restait fixe.

Cet œil fixe ne ressemblait à rien de ce qu'on peut voir sur la terre. Dans cette prunelle tragique et calme il y avait de l'inexprimable. Ce regard contenait toute la quantité d'apaisement que laisse le rêve non réalisé ; c'était l'acceptation lugubre d'un autre accomplissement. Une fuite d'étoile doit être suivie par des regards pareils. De moment en moment, l'obscurité céleste se faisait sous ce sourcil dont le rayon visuel demeurait fixé à un point de l'espace. En même temps que l'eau infinie autour du rocher Gild-Holm'-Ur, l'immense tranquillité de l'ombre montait dans l'œil profond de Gilliatt.

Le *Cashmere*, devenu imperceptible, était maintenant une tache mêlée à la brume. Il fallait pour le distinguer savoir où il était.

Peu à peu, cette tache, qui n'était plus une forme, pâlit.

Puis elle s'amoindrit.

Puis elle se dissipa.

A l'instant où le navire s'effaça à l'horizon, la tête disparut sous l'eau. Il n'y eut plus rien que la mer.

FIN.

TABLE

TABLE

DU TOME TROISIÈME

LIVRE TROISIÈME

LA LUTTE.

Pages.

I. L'extrême touche l'extrême et le contraire annonce le contraire... 3
II. Les vents du large... 7
III. Explication du bruit écouté par Gilliatt... 15
IV. *Turba, turma*... 23
V. Gilliatt a l'option... 29
VI. Le combat... 33

LIVRE QUATRIÈME

LES DOUBLES FONDS DE L'OBSTACLE.

I. Qui a faim n'est pas le seul... 73
II. Le monstre... 83

	Pages.
III. Autre forme du combat dans le gouffre.	99
IV. Rien ne se cache et rien ne se perd.	105
V. Dans l'intervalle qui sépare six pouces de deux pieds il y a de quoi loger la mort	113
VI. *De profundis ad altum.*	121
VII. Il y a une oreille dans l'inconnu.	135

TROISIÈME PARTIE

DÉRUCHETTE

LIVRE PREMIER

NUIT ET LUNE.

I. La cloche du port	145
II. Encore la cloche du port	173

LIVRE DEUXIÈME

LA RECONNAISSANCE EN PLEIN DESPOTISME.

I. Joie entourée d'angoisses	194
II. La malle de cuir.	209

LIVRE TROISIÈME

DÉPART DU *CASHMERE*.

		Pages.
I.	Le havelet tout proche de l'église	217
II.	Les désespoirs en présence	223
II.	La prévoyance de l'abnégation.	239
IV.	« Pour ta femme, quand tu te marieras »	249
V.	La grande Tombe.	257

www.ingramcontent.com/pod-product-compliance
Lightning Source LLC
Chambersburg PA
CBHW050637170426
43200CB00008B/1057